[illegible]

COLLECTION IDÉES

John Kenneth Galbraith

La voix des pauvres

ou ce qu'ils ont à nous dire sur l'économie

TRADUIT DE L'ANGLAIS
PAR DANIEL BLANCHARD

nrf

Gallimard

Titre original :

THE VOICE OF THE POOR.
ESSAYS IN ECONOMIC
AND POLITICAL PERSUASION.

SOMMAIRE

PRÉFACE

Au printemps de 1982, je fus invité en Inde pour y donner les conférences Rajaji. Il s'agit d'un cycle annuel de conférences confiées à un étranger, sous les auspices du Bharatiya Vidya Bhavan, le grand organisme culturel indien. Elles sont dédiées à la mémoire de Chakravarti Rajagopalachari (1878-1972), cet homme si intelligent, si diversement doué et si passionnément engagé, que ses compatriotes appellent affectueusement Rajaji. Il fut Gouverneur général de l'Inde pendant les années 1948-1950, entre l'indépendance et la fondation de la République. Les Indiens accueillent les conférenciers qu'ils invitent avec une chaleur et un art de l'hospitalité dont ils sont les maîtres les plus accomplis et ce fut un grand bonheur de retourner dans ce pays que ma femme et moi avons tous deux appris à aimer.

Je choisis pour thème de ces conférences les relations entre les nouveaux États et les vieux pays industriels, tant socialistes que non socialistes. Ce n'est pas une question d'une grande originalité, mais pour lui conférer une légère touche de nouveauté, je l'ai abordée sous l'angle des conseils que les vieux pays feraient bien de recevoir des nouveaux, en insistant sur la nécessité de mieux accorder les avis qu'on donne aux différentes étapes historiques où se trouvent les nations.

Il s'agissait donc de conférences et je pense depuis longtemps que des conférences sont faites pour êtres écoutées et jamais pour être lues. Quand on reçoit un recueil de discours d'un ami, je conseille d'en lire quelques paragraphes au hasard, ce qui suffit pour réagir vivement, pour ou contre, aux opinions de l'auteur, et de classer le tout à jamais. La parole et l'écrit sont des formes d'expression différentes. Une conférence doit suivre un rythme plus lent qu'un texte écrit, les explications y sont plus circonstanciées et on y recourt à divers artifices rhétoriques indispensables pour capter et retenir l'attention. C'est que l'auditeur n'a aucun recours ; une fois perdu, il ne se retrouvera jamais ; alors que le lecteur peut toujours revenir en arrière et relire. Dans le cas présent, cependant, j'ai très largement réécrit et considérablement abrégé la version orale. Il en est résulté un ensemble d'essais raisonnablement succincts, je le crois, tout en conservant quelque chose du ton d'exhortation pressante qu'appelle inévitablement un auditoire attentif.

I

Richesse et jugement

On passe généralement sous silence deux traits qui marquent les relations entre les vieux pays industrialisés et les nouvelles nations devenues indépendantes au lendemain de la Seconde Guerre mondiale. Le premier, qui peut paraître un peu trivial, c'est l'incertitude générale quant au terme par lequel chacun de ces deux groupes devrait désigner l'autre. Il est naturel et non sans pertinence de parler de pays riches et de pays pauvres ; c'est ce que je fais ici. Mais ce sont des mots que les gens soucieux d'habileté sémantique en même temps que de tact diplomatique se donnent toutes les peines du monde pour éviter. Il semblerait y avoir quelque chose de vaguement dépréciatif à qualifier une nation de pauvre, en dépit de la bien plus grande facilité avec laquelle, à en croire la tradition chrétienne mais pas seulement elle, ses ressortissants entrent au Paradis. En outre, de nos jours, une nation peut fort bien être pauvre alors que certains de ses citoyens tirent du pétrole une énorme richesse personnelle. Mais on répugne plus encore à parler de nation *riche* car ce qualificatif soulève implicitement la question de savoir si son enrichissement est juste ou non. Et peut-être aussi semble-t-il suggérer une obligation, mal accueillie par certains, d'aider ceux que la fortune a moins bien pourvus matériellement.

On a donc cherché des circonlocutions convenables. Quelque temps, il parut admissible de ranger les pays en développés et non développés, puis, non sans optimisme, en développés et en développement, ces derniers comprenant d'ailleurs certains pays manifestement en recul. On recourut ensuite à l'expression de Tiers Monde, qui pâtit cependant du fait que presque personne ne parle de Premier et de Second mondes, ni ne sache vraiment quels ils pourraient bien être. Plus récemment, on est tombé dans la géographie ; la distinction admise s'établit entre le Nord et le Sud. Quelque facteur, non encore dévoilé, associe évidemment richesse et prospérité aux degrés de latitude.

Tout cela est inepte et superflu ; je l'ai dit, je parlerai dans ces essais de pays riches et de pays pauvres. Il m'arrivera cependant, pour servir plus fidèlement mon propos, de me référer aux vieux pays industriels et aux nouvelles nations apparues dans le cours de la grande ère de décolonisation qui suivit la Seconde Guerre mondiale.

Le second trait de ces rapports est du domaine, non de la sémantique, mais des préjugés : on a considéré comme allant pleinement de soi, pendant un tiers de siècle riche en débats sur le développement économique, que la compréhension de ces matières, comme de bien d'autres, était fortement corrélée au revenu. C'est la taille de son P.N.B. qui qualifie un pays à offrir ses conseils, notamment en économie. Il en est résulté un très ample courant de suggestions, de mises en garde et de blâmes adressés par les pays riches aux pauvres. Dans l'autre sens, il n'est presque rien passé.

C'est cette seconde constatation qui justifie ces essais. En dépit des efforts de leur gouvernement, les États-Unis restent une contrée notablement riche. De même que le Japon et presque toute l'Europe, celle de l'ouest mais aussi, relativement, celle de l'est. Mon propos est d'indiquer certaines des vérités que ces pays riches devraient entendre de la bouche des pauvres. Imaginons que le courant des conseils et des critiques s'inverse et atteigne un volume suffisant pour être entendu, en quoi consisterait-il ? Je traiterai d'abord d'économie et en particulier des erreurs commises par les vieux pays industriels à propos de politique et de suggestions économiques et aussi du dédain où sont tenus les processus historiques qui gouvernent toute politique efficace. J'aborderai ensuite les relations entre les États-Unis et l'Union Soviétique, d'une part, et les nouveaux États indépendants, de l'autre, histoire riche en enseignements pour les vieilles puissances industrielles, qu'elles soient capitalistes ou socialistes. Puis j'étudierai ce que j'ai appelé le nœud militaire : la course aux armements entre les grandes puissances, l'afflux d'armes vers les nouveaux États, les tensions qui en résultent et la grave menace qu'elles font peser sur la survie des riches comme des pauvres sur la planète.

La dernière des conférences indiennes mentionnées dans la préface reflétait les préoccupations des milieux d'affaires cosmopolites de cette grande métropole commerciale qu'est Bombay. La causalité économique, comme le jugement, s'exerce des pays riches vers les pauvres. La chance ou le malheur — et ces temps-ci, assurément, le malheur — veut que le destin économique du monde se scelle en grande partie non pas dans les capitales locales ou dans la dynamique de l'industrie et du commerce locaux, mais à Washington, dans ce qui se décide ou se passe aux États-Unis. Il est compréhensible que le monde entier et plus précisément, ici, l'Inde, s'intéresse à l'économie américaine : d'où le dernier de ces essais. J'aimerais croire que celui-là aussi exprime le jugement des pays pauvres sur les riches mais certains le soupçonneront de refléter surtout le point de vue de son auteur et les avis qu'il entend donner aux gouvernements des États industriels et plus particulièrement au sien propre. Après tout, je n'en disconviendrai pas totalement.

II

Les contraintes de l'histoire

En matière économique a existé depuis la fin de la Seconde Guerre mondiale un point d'accord fondamental entre pays industriels, socialistes ou non — et tout particulièrement entre les États-Unis et l'Union Soviétique. C'est que les schémas économiques traduisant un état de développement avancé pouvaient être transférés sans adaptation appréciable aux nouveaux États d'Asie et d'Afrique et aussi, encore que de façon moins spécifique, à ceux d'Amérique Centrale et Méridionale. Le schéma global que chaque État entend exporter ainsi est celui qui est réalisé chez lui. Pour l'Union Soviétique, il s'agit, bien entendu, du socialisme, c'est-à-dire l'appropriation par l'État, et donc par le peuple, de l'ensemble des moyens de production et la planification d'ensemble de leur utilisation. Pour les États-Unis, à quelques variantes près découlant de préférences, de certitudes ou d'incertitudes individuelles, il s'agit de la libre entreprise. Sans dénier à l'État un rôle dirigeant et une bonne part d'initiative dans le développement des transports, de l'énergie, de l'irrigation et même des industries de base, comme on les appelle, on veut faire du jeu impersonnel du marché le guide principal de l'économie. C'est sur l'initiative privée qu'il faut avant tout compter, soutenue et encouragée par la propriété privée du capital. L'Union Soviétique et les États-Unis ont examiné chacun son propre mécanisme de développement économique, réel ou supposé, et ont recommandé aux autres de l'appliquer.

Au total, les Américains se sont montrés plus souples dans leurs avis, que les Soviétiques sans qu'il faille voir là spécialement une preuve de plus grande sagesse. C'est plutôt que, par nature, nous sommes moins étroitement attachés à une formule économique énoncée de façon rigide. Comme les autres pays industriels occidentaux, nous avons toujours activement débattu de ce que notre système économique devrait être, ou même de ce qu'il est. Mais dans les deux camps, on est en gros d'accord sur l'opportunité d'exporter le fruit de sa maturité économique.

Il est encore un autre point d'accord. On est convaincu que le développement économique, c'est-à-dire l'élaboration d'une infrastructure et de moyens de production agricoles et industriels, constitue la condition *sine qua non* du progrès national. Qu'il se réalise, tout le reste suit. Un équipement industriel et agricole réussi apporte les conditions d'existence indispensables à tout le reste, moins essentiel : un système politique fiable, par exemple, ou l'enseignement gratuit pour tous.

Les États-Unis et l'Union Soviétique se sont donc entendus pour méconnaître la nature du développement national et pour ne tenir aucun compte de l'idée de processus historique qui est implicitement contenue dans le mot développement lui-même. Et ils n'ont voulu tenir aucun compte non plus de leur propre expérience.

En simplifiant, on peut dire que tout développement national connaît une série de phases durant lesquelles, avec d'amples chevauchements, les facteurs politique, culturel et économique jouent successivement le rôle principal. Le projet économique, approprié aux derniers stades du développement, ne saurait sans gâchis ni dommage, être transféré aux premiers de ces stades. De même qu'en ce qui concerne les nouvelles nations, telle conception ou telle priorité qui convient à un pays parvenu à un certain stade de la séquence politique, culturelle et économique ne saurait être appliquée à un stade antérieur ou ultérieur. Ce qui convient à l'Inde, pays relativement évolué politiquement et culturellement, ne convient pas au stade de développement politique et culturel moins avancé des États d'Afrique noire ou des principautés pétrolières du Moyen-Orient. Tout cela rend le problème du développement économique bien plus complexe que nous ne l'avions imaginé au cours de ces dernières vingt-cinq années, il faut s'y résigner. L'ensemble de la question avait été simplifiée au départ pour la rendre assimilable par les idéologues et les idéologies du capitalisme et du socialisme. Ou peut-être aussi pour la mettre à la portée de certains propagandistes de telle conception du développement.

L'erreur ici examinée est, répétons-le, commune aux pays évolués, qu'ils soient capitalistes ou socialistes. Les uns et les autres ont pris ce qui convenait à leur propre stade avancé de développement pour l'appliquer automatiquement aux nouvelles nations, qui en sont à des stades antérieurs. Le cas s'est révélé particulièrement grave dans le contexte socialiste car, on ne le répétera jamais assez, le socialisme exige un appareil gestionnaire nombreux, compétent et intègre, ressource fort rare à tous les premiers stades politiques et culturels du développement. Elle n'existe même pas en abondance dans les pays industriels avancés, qu'ils soient socialistes ou capitalistes, aux prises actuellement avec les problèmes non résolus des énormes bureaucraties de l'État et des grandes firmes. Le principe de toute politique nationale est d'économiser la plus rare des ressources et c'est ce que ne fait pas la transformation socialiste d'une jeune nation.

On a du mal à comprendre comment le monde socialiste a pu s'aveugler à ce point sur ce problème. C'était l'un des mérites imprescriptibles de Marx que de voir dans toute vie économique un processus en constante évolution, en constante transformation. C'est ainsi qu'il faisait le plus grand cas du travail de socialisation effectué par le capitalisme qui, en imposant la discipline industrielle, franchissait l'une des étapes préparatoires sur la voie du socialisme. Il n'aurait jamais pris au sérieux l'idée que le socialisme puisse apparaître tout d'un coup et au complet, disons au Mozambique ou en Éthiopie.

Mais l'incapacité à traiter le développement comme un processus a constitué tout autant une source majeure d'erreur pour la pensée du monde non socialiste et les recommandations qu'elle a fondées. Aux derniers stades du capitalisme, toute pensée sur le développement et le bien-être national se ramène automatiquement à du capital à investir — à des moyens de production industriels à dégager, car ils sont considérés comme les véhicules du progrès. Cette croyance a déterminé de façon décisive l'assistance et les conseils offerts aux nouveaux États. Si vous voulez le développement, vous progresserez pour de bon en investissant dans des usines, dans l'approvisionnement en énergie et dans les transports, ces conditions indispensables de la production agricole moderne. On pourra discuter de l'ordre et des priorités à observer pour ces investissements, et de la question de savoir lesquels, des biens de production et des biens de consommation, doivent venir en premier, avec toutes les variantes possibles. Mais ce qui compte c'est l'investissement dans les biens d'équipement, ne nous laissons pas égarer par des songe-creux. Les défenseurs du modèle socialiste de développement n'en disconviennent pas. Ils pensent que le capital doit être propriété sociale mais il ne leur apparaît pas moins décisif pour le progrès que dans les conceptions capitalistes.

Ce n'est pourtant pas de tout cela qu'est faite l'histoire des vieux pays industriels, cette histoire qui les a conduits jusqu'à leur suprématie économique actuelle.

Dans tous ces pays, ce n'est pas sur l'investissement qu'on insista au départ mais sur le développement politique puis culturel. Les États-Unis, l'Europe Occidentale et plus récemment le Japon, dans la théorie comme dans la pratique du développement économique, ont attaché une grande importance à un contexte politique sûr ; c'était, estimait-on, la condition essentielle du progrès économique. Que le système politique soit stable et prévisible, honnête et efficace, que les citoyens aient l'impression fondée d'y participer et le progrès économique suivrait. Pour garantir qu'il en irait bien ainsi, on s'accordait ensuite à penser qu'il fallait rendre l'enseignement obligatoire et gratuit et lui assigner pour objectifs une maîtrise complète de la lecture et de l'écriture et des rudiments utilisables dans les autres branches du savoir. Quiconque se reporte aux ouvrages du siècle passé sur le progrès économique constatera l'importance qu'on donnait alors à une structure politique fiable dans ses réactions. Il allait également de soi que ce progrès exigeait un haut niveau de moralité dans la gestion des affaires publiques et que sa réalisation avait pour principal instrument l'éducation populaire.

Les historiens modernes des vieux pays industriels continuent à souligner le rôle essentiel de cette assise politico-culturelle si largement oubliée dans les conseils aux nouvelles nations. La Révolution française, la révolution américaine ainsi que l'élaboration et l'adoption de la Constitution, la Guerre de Sécession avec l'émancipation des esclaves puis la proclamation des droits civiques, l'unification de l'Allemagne sous Bismarck, la restauration de Meiji au Japon, la Révolution russe — autant d'événements dont on vante les profondes répercussions à long terme qu'ils ont eues sur l'économie. Et il en va de même, encore qu'on y insiste moins, du vaste mouvement éducatif qui a toujours suivi.

Même dans les ouvrages strictement économiques du siècle dernier, on ne parle guère de l'investissement ; il allait de soi, et ce n'était pas pécher par optimisme, qu'une situation politique stable et un bon niveau d'instruction de la population l'engendreraient tout naturellement. C'est notre siècle qui a fait de l'investissement le levier essentiel du progrès. Non que son importance restât à découvrir — encore que le développement de la comptabilité nationale (Produit National Brut, Revenu national) permettant de le mesurer, ait certainement contribué à une telle prise de conscience. S'il a acquis cette importance, c'est surtout parce que la stabilité et l'honnêteté politique, la participation populaire à la vie civique et la diffusion des connaissances de base étaient devenues des réalités, tenues plus ou moins pour allant de soi.

Du rôle essentiel joué dans le développement économique par la fiabilité, l'efficacité et l'intégrité du système politique, on ne peut guère dire que des évidences. La stabilité politique accorde aux individus la sécurité personnelle qui est la condition première de la réussite économique. Elle suscite le sentiment de participation politique, et si la réalité ne suffit pas à vous en convaincre, on mobilisera en renfort toutes les ressources de la propagande. Mais le développement politique est un phénomène indigène et non quelque chose qu'on puisse utilement prescrire ou guider de l'extérieur.

On ne saurait trop fortement souligner l'importance de la stabilité politique dans la séquence du développement. Il n'existe pas aujourd'hui de pays doté d'un régime stable, honnête et fondé sur la participation qui ne connaisse — ou n'ait connu — un progrès économique relativement satisfaisant. Et rares sont ceux dont on puisse en dire autant et qui ne sont pas dotés d'un tel régime.

Dans nombre de nouveaux États, il est un facteur qu'il faut citer à part et qui joue résolument à l'encontre du développement politique. Je veux parler du pouvoir de l'armée. Il fut un temps où les armées avaient pour fonction de défendre ou d'étendre les frontières et de faire la guerre aux États voisins. Cette fonction, beaucoup de nations nouvelles l'ont oubliée — un progrès, n'en doutons pas. Mais tandis que l'agressivité externe s'atténuait chez les militaires, l'agressivité interne s'accentuait. Dans une grande partie du monde, leur objectif est aujourd'hui de remplacer au pouvoir les civils, après avoir dissout ou suspendu les institutions démocratiques, souvent déjà bien imparfaites. L'Amérique Latine est le cas extrême de cette tendance maligne. Deux pays seulement, le Mexique et le Costa Rica, y ont connu un régime constitutionnel stable au cours des cinquante dernières années. Ce n'est pas un accident si dans l'un l'armée n'a qu'une importance négligeable et si l'autre, le Costa Rica, s'enorgueillit de ne pas en avoir du tout. Les dictatures militaires ne donnent pas naissance à des institutions politiques durables ; elles nourrissent au contraire les ressentiments et les antagonismes qui rendent l'exercice d'une démocratie stable et efficace encore plus difficile.

On a abondamment écrit, ces dernières décennies, sur le gaspillage de ressources qu'imposent aux pays pauvres leurs militaires ; sur les produits alimentaires, les vêtements, les maisons et les soins médicaux dont les populations ont ainsi été privées ; et sur les investissements civils auxquels il a fallu renoncer. On a beaucoup dénoncé aussi, et avec raison, les encouragements apportés à cette tragédie par les puissances industrielles à travers leurs ventes et leurs dons. Particulièrement éloquent à cet égard est le récent rapport de la Commission Brandt[1] qui évalue à 14 milliards de dollars les sommes dépensées en 1978 à l'extérieur par les pays les plus nécessiteux de la planète, la plus grosse part allant aux États-Unis et à l'Union Soviétique. Mais il convient de s'inquiéter également de la façon dont ces dépenses d'armements nourrissent et renforcent l'armée, principal obstacle à la croissance d'une démocratie effective.

Ici encore, les pays industriels devraient se retourner vers leur propre histoire. Si les généraux de Cromwell étaient restés au pouvoir en Grande-Bretagne, si les gouvernements militaires avaient persisté indéfiniment dans les États du Sud au lendemain de la Guerre de Sécession, si le général Boulanger avait réussi à établir en France un régime durable, personne ne peut imaginer que ces pays se seraient développés économiquement comme ils l'ont fait. Les ventes d'armes et l'assistance militaire qui prolifèrent aujourd'hui dans le monde entier contribuent à réprimer le développement politique et donc économique ; elles ensevelissent l'un et l'autre sous des masses d'armes inutiles et de soldats qui ont de plus en plus de mal à y comprendre quelque chose mais qui savent fort bien à la première occasion s'en servir à des fins politiques. C'est un sujet sur lequel il me faudra revenir.

Sur le développement culturel et plus précisément l'éducation, en tant qu'exigence préalable du développement économique, il y a assurément davantage à dire. Si les pays riches ont, en général, méconnu leur propre histoire en ce domaine, ce n'est pas le cas de nombreux individus. Observant le monde, ils ont constaté un fait massif : il n'est pas un pays dont la population entière jouisse d'une certaine instruction qui ne jouisse aussi d'un niveau de vie relativement élevé et en progression. Et il n'est pas un pays dont le gros de la population soit illettré où cela se produise. L'éducation n'est pas un luxe que le développement économique permettrait de s'offrir ; l'histoire des vieux pays industriels apprend que c'est l'éducation qui permet le développement.

A l'intérieur de l'éducation, il y a aussi un certain ordre à observer. Au cours des dernières décennies obsédées par le développement économique, un effort substantiel est allé à la formation technique, c'est-à-dire la constitution d'un cadre d'hommes et, dans une mesure réduite, de femmes capables d'accomplir les tâches inhérentes à un mode de production évolué. Pour une part, cette formation fut dispensée dans les écoles et les universités des vieux pays industriels ; et pour une part plus importante dans les établissements indigènes, qu'il a fallu pour cela développer. Parmi les nations nouvelles, l'Inde est singulièrement en flèche à cet égard. Il en est notamment résulté en Inde une masse de professionnels qualifiés et ambitieux qui sont devenus un article d'exportation hautement rémunérateur, consolidant puissamment sa balance des paiements.

En dépit de l'importance prise par cette formation technique, les recommandations en matière de développement n'en ont jamais fait aussi grand cas que de l'investissement dans l'infrastructure et les biens d'équipement ; on peut en voir l'indice dans la définition de cette activité éducative comme « constitution du capital humain ». Il est évident qu'on ne saurait aujourd'hui reconnaître de caractère véritablement utile et sérieux à quoi que ce soit si on ne l'associe pas au capital matériel.

La formation technique n'est pourtant pas la première étape du développement culturel. L'enseignement général joue un rôle bien plus vital encore[2], mais est beaucoup moins bien vu de notre époque.

La pauvreté, cela n'a rien d'étonnant, a sa propre culture; là où elle règne, et depuis longtemps, les gens ont trouvé avec elle des accommodements; ils cessent de lutter pour ce qui a toutes les apparences de l'impossible, contre ce qui a toutes les apparences du normal. Les grandes religions approuvent et encouragent une telle résignation. Selon la tradition chrétienne, seul le pauvre franchira aisément la porte du royaume des cieux; c'est aux humbles qu'ira l'héritage de cette terre, si improbable soit-il. On s'étonne, d'ailleurs, de voir le nombre de nos concitoyens, soi-disant si croyants, qui sont prêts à sacrifier leur salut à la quête implacable de la richesse. Dans les pays pauvres, rien n'est plus sûrement gaspillé que les efforts et les dépenses consentis au nom du progrès économique — nouvelles pratiques agricoles, nouvelles machines, conseils à l'industrie, investissements — au bénéfice de gens qui se sont accommodés de la culture de la pauvreté. C'est à cette accommodation qu'il faut s'attaquer et l'arme adéquate c'est l'enseignement général : il permet seul d'ouvrir les fenêtres par lesquelles ceux qui sont pris dans la culture de la pauvreté pourront regarder au-dehors. Et quand ils auront vu, ils désireront échapper à leur condition[3].

Le principal argument qui justifie un effort prioritaire en faveur d'un enseignement gratuit, obligatoire et de bon niveau c'est qu'il brise cette accommodation à la culture de la pauvreté. Mais il a également un lien étroit avec le régime démocratique ; quand on dit que la démocratie exige des citoyens éclairés, c'est-à-dire alphabétisés et informés, on est bien près de tomber dans le lieu commun. On ne peut pourtant pas prétendre que l'éducation facilite toujours la tâche des gouvernements. Elle permet et stimule une affirmation et une expression de la personne qui ne conviennent guère à ceux qui préfèrent l'acquiescement inhérent à l'accommodation, à l'absence de tout espoir. C'est là, bien entendu, une difficulté que nous ne saurions déplorer. Et tous les pays, riches et pauvres, connaissent bien ces politiciens qui spéculent à juste titre sur l'ignorance populaire pour assurer leur succès. Leur existence même plaide en faveur de l'enseignement général.

L'éducation ne va jamais sans un sérieux renforcement du sens de la discipline, individuel et collectif. Si nous reconnaissons une valeur au développement économique, nous devons aussi reconnaître l'importance du sens social auquel il fait appel chez les gens, et tout particulièrement en tant que citoyens d'un État. L'une des plus brillantes réussites de développement économique qu'ait connues l'ère post-coloniale est celle de la ville-État de Singapour. Nul ne peut contester qu'il s'agisse d'une collectivité animée d'un sens profond et vigoureux de participation civique. Je ne souscris pas aux critiques émanant parfois de certains de mes amis libéraux et adressées au cadre de stricte discipline à l'intérieur duquel s'exerce à Singapour la liberté. On ne doit pas être léger à propos de liberté mais j'adhérerai volontiers à un aphorisme inlassablement répété aux étudiants de Harvard : il est de sages contraintes qui rendent les hommes libres.

Une bonne culture générale ouvre la voie à un enseignement plus spécialisé dans le domaine technique, scientifique ou administratif. Soulignons seulement que celui-ci ne saurait être dispensé isolément du mouvement général de progrès de l'éducation.

La formation technique, elle aussi, a ses priorités à respecter — ce fut là l'une de mes grandes préoccupations durant les années que j'ai passées en Inde. Les techniciens américains, poussés en cela par l'orgueil des Indiens, préconisaient le recours aux méthodes agricoles ou industrielles les plus complexes au lieu des plus appropriées. C'était particulièrement vrai dans l'agriculture. Ce qui était bon pour le Kansas devait l'être pour le Gujarat. On renonçait aux conseils simples et indispensables en matière de gestion des sols et de l'eau, de céréales hybrides et d'engrais au profit d'une ingénierie complexe et de considérations sociales, si bien que l'effort, pour l'essentiel, se perdait.

Une autre réponse, qui semble aller de soi, à la pénurie de compétences techniques c'est de les importer de l'étranger ; une transfusion de compétences prélevées dans les pays riches comblera bien ce manque. L'expérience montre qu'il est peu d'entreprises plus risquées. Les Russes en Chine, les Américains en Iran, les Russes en Égypte, les Américains en Indochine ont mis en évidence les tensions provoquées par un tel remède. Tensions encore accrues, je le montrerai dans un chapitre ultérieur, quand le but poursuivi est d'initier aux technologies militaires de pointe. C'est là l'une des plus cinglantes leçons que comporte l'histoire des relations entre nations jeunes et vieilles depuis 35 ans.

Lorsque je préconise d'accorder la priorité au développement politique et culturel, certains esprits méfiants pourraient me soupçonner de plaider pour une réduction de l'aide des pays riches. Ce serait une erreur. Le développement de l'investissement et celui de l'éducation ont les mêmes exigences. Tous deux puisent dans l'épargne trop rare des pays pauvres, tous deux se heurtent aux besoins impérieux de la consommation immédiate ; tous deux, et dans la même mesure, sont favorisés, voire rendus possibles, par l'aide extérieure.

Là où existent des différences c'est dans les répercussions des divers types d'assistance dans les pays riches ; l'aide aux pays pauvres suscitera toujours davantage d'enthousiasme s'il s'agit de leur vendre des biens d'équipement — générateurs électriques, machines industrielles, appareillage de télécommunications ou de contrôle aérien — que s'il s'agit de leur donner de quoi construire et faire fonctionner des écoles. Les pays riches ont un puissant intérêt économique à faire de l'investissement dans la sphère de la production un impératif primordial ; c'est l'une des raisons pour lesquelles ce type d'investissement a joui d'une telle faveur dans le passé. Pour l'avenir, nous ne devons pas sacrifier la réalité des besoins à la facilité politique. Il y a certes des pays qui ont progressé assez loin sur le plan politique et culturel pour que l'investissement économique soit devenu une priorité. L'Inde en fait partie, malgré les graves lacunes dont elle continue à souffrir dans le domaine éducatif. Dès lors qu'il s'agit des nations nouvelles, la généralisation est l'ennemie de la pertinence. Mais quand on considère bon nombre de pays africains, par exemple, ou les jeunes mini-États, on ne peut contester l'importance primordiale des écoles, des enseignants et des universités où former davantage d'enseignants. A nouveau, donc, pas d'absolu : est juste ce qui est approprié au stade atteint dans le processus historique.

J'en reviens donc à l'essentiel de mon propos : que le développement est un processus historique ; toute recommandation doit prendre en compte l'étape où tel pays ou tel peuple se trouve dans ce processus. C'est ce qu'ont précisément ignoré les plans, instructions ou conseils qui n'ont cessé d'affluer du monde industrialisé, capitaliste ou socialiste. Les vieux pays industriels, au mépris de leur propre histoire, ont exprimé dans leurs conseils les impératifs du stade de développement auquel ils en sont arrivés aujourd'hui et non ceux qui correspondaient aux stades précédents du processus, stades auxquels, précisément, se trouvent les pays moins ou pas du tout industrialisés.

Croire qu'une perception plus judicieuse de l'histoire va bientôt prévaloir dans les pays riches serait bien optimiste. Le préjugé est bien trop ancré que ce qui est bon pour son propre développement ne saurait être inadéquat ailleurs. D'autant que, je l'ai dit, l'intérêt va dans ce sens. Il importe donc que les nouveaux États cessent de croire judicieux ce qui ne l'est pas et n'hésitent pas à combattre l'idée reçue que ce qui s'applique aujourd'hui aux pays industriels avancés s'applique aussi à tous les autres. Ils doivent éclairer leurs riches bienfaiteurs sur la meilleure façon de les aider au lieu d'accepter humblement les avis bien intentionnés mais parfois inapplicables qu'ils reçoivent. Par chance, leur cause est simple à comprendre et séduisante pour l'esprit : à chaque étape sur le long chemin qui relie les pays les moins développés à ceux qui le sont le plus, il existe une solution appropriée au problème du développement et cette solution se transforme à mesure que le pays en question avance sur le chemin. Reconnaître ce fait requiert cependant une réflexion spécifique et objective. On ne crée pas dans un pays peu développé un système économique stable et efficace à coups de formules générales, surtout si elles sont empruntées mécaniquement aux pays les plus avancés. Il serait bien agréable que le développement économique soit une affaire aussi simple ; mais l'expérience des 35 dernières années et même davantage nous a appris, au prix de bien des souffrances et des frustrations, qu'il n'en était rien.

III

Second requiem pour les empires

Depuis plusieurs années, le monde entier ne cesse de montrer une préoccupation croissante face à la menace d'un conflit nucléaire entre les États-Unis et l'Union Soviétique, et cette prise de conscience me paraît tout à fait bienvenue. C'est cependant d'une variante de cette question que je tenterai de traiter dans ce chapitre : à savoir le danger, non d'une confrontation directe entre les deux grandes puissances, si menaçante soit-elle, mais de leur heurt dans d'autres pays, le risque de tension et de conflit découlant des ambitions impériales que l'on prête aux Américains et aux Soviétiques. Je me propose de survoler l'histoire de ces aspirations impériales et d'y rechercher les leçons qu'on peut en tirer, même si elles vont à l'encontre des idées reçues. Et les vieilles nations ont beaucoup à apprendre des jeunes, en ces matières, car c'est le déni des aspirations de celles-ci qui crée les plus grands dangers.

Les années qui ont suivi la Seconde Guerre mondiale ont constitué, on l'a dit, la grande ère de la décolonisation. Je n'ai pas l'intention, ici, de prononcer un jugement sur l'autorité impériale telle qu'elle s'est exercée antérieurement. Une large part de ce qui se dit là-dessus a davantage sa source dans la passion que dans une réflexion sereine mûrie par la perspective historique. Il faut juger toutes choses à l'aune de leur époque ; Marx considérait en son temps la domination britannique sur l'Inde comme une force progressive et cela non pas en vertu de quelque haute spéculation mais tout simplement parce qu'elle valait mieux que les despotismes mesquins et incompétents dont elle avait pris la place. Jawaharlal Nehru m'a un jour administré une leçon sur la façon souple et réaliste dont il convient d'aborder la question. Je venais de lui demander quelle était selon lui la date optimum à laquelle les Britanniques auraient dû quitter l'Inde. Il réagit en demandant, avec une expression indignée, ce que diable ils étaient venus y faire de toute façon. Je lui rappelai alors que P. C. Mahalanobis, statisticien réputé et savant au nationalisme inattaquable, avait déclaré que pendant un siècle au moins, au Bengale, les Anglais avaient été tenus pour des libérateurs. Nehru se détendit, sourit et dit qu'ils auraient dû s'en aller après la Première Guerre mondiale.

Mais quel que soit le regard qu'on jette sur le passé, le présent ne prête pas à discussion. L'indépendance nationale une fois acquise, elle est défendue farouchement dans la totalité du monde anciennement colonial. La sensibilité à tout ce qui a ne fût-ce que l'apparence d'une intrusion y est des plus vives, et vigoureuses en proportion sont les forces politiques qui se mobilisent pour résister. Il existe des pays africains — on pense en particulier à l'Ouganda — où le bien-être matériel était plus élevé à l'époque coloniale qu'à présent ; et où la sécurité des personnes et la liberté étaient certainement mieux garanties. On serait pourtant bien en peine d'y détecter la moindre nostalgie du régime colonial. La seule idée d'un retour à ce régime frappe par son absurdité. Et voici qu'on bute sur ce paradoxe : face à cette adhésion massive à l'identité nationale, on ne cesse de parler d'un nouvel impérialisme. Les références soviétiques aux intentions impérialistes des Américains sont depuis longtemps entrées dans la routine ; nous sommes censés poursuivre avec passion l'établissement de notre domination économique, politique et militaire au-delà de nos frontières. Et Washington ne se prive pas de porter les mêmes accusations contre Moscou. Au début de 1981, le président Reagan proposait aux membres de son cabinet d'utiliser désormais systématiquement l'expression d'« Empire soviétique », et c'est ce qu'il fit dans les discours qui suivirent. L'allusion à l'« expansionnisme soviétique est monnaie courante et chacun sait, qui a étudié l'anglais, que lorsque quelque chose devient suffisamment menaçant, on en fait un *ism*.

Cette ambition impériale des grandes puissances est censée viser l'ancien monde colonial, ces peuples dominés d'Amérique Centrale et méridionale, du Moyen-Orient, d'Afrique et d'Asie. Les motivations divergent : il faut sauver ces anciennes colonies du communisme, ou libérer leurs peuples du féodalisme ou de l'emprise cupide du capital ; ou bien les préoccupations sont de l'ordre stratégique : tout pays recélant du pétrole ou situé à moins de 800 kilomètres d'une route maritime, d'un détroit, d'un grand port ou du canal de Panama est *ipso facto* stratégique. Ou encore, il peut s'agir d'une recherche de l'influence et de la domination pour elle-même, comme il est naturel de la part d'une grande puissance.

L'époque actuelle apparaîtrait donc dominée par une compétition pour l'exercice d'une influence impérialiste. D'où le danger : ces ambitions impériales rivales risqueraient d'amener une collision sur quelque infortuné territoire — avec de terribles conséquences.

Mais en quoi consiste en réalité cette compétition ? Si compétition il y a, c'est bien la plus remarquable qu'on ait jamais vue car l'histoire des vingt dernières années conduit infailliblement à cette conclusion que les grandes puissances ont seulement concouru pour savoir laquelle réussirait à perdre son influence le plus rapidement.

J'ai parlé de la période qui s'ouvre au lendemain de la Seconde Guerre mondiale ; l'année 1960 serait sans doute un meilleur point de départ. 15 ans s'étaient alors écoulés depuis la guerre ; ses ravages matériels et institutionnels étaient réparés. Le partage international du pouvoir et de l'influence semblait fermement établi. En cette année-là, à quelques mois près, si je puis me permettre une note personnelle, je devins ambassadeur en Inde, le plus grand des pays anciennement coloniaux, autrement dit, agent de l'impérialisme américain, n'en doutons pas. Pourquoi ne pourrait-on se référer à ses repères personnels quand on invoque l'histoire ?

Il y a vingt ans, l'ombre de la guerre et

les transformations politiques récentes, notamment en Chine, donnaient quelque vraisemblance à l'idée d'un nouvel impérialisme. On pouvait suivre les progrès de son implantation dans l'esprit de ceux qui par formation et par profession sont incapables de voir au-delà. Au début des années soixante, l'empire apparent de Moscou, dont les faiblesses restaient cachées, était certes imposant. L'Union Soviétique disposait à l'évidence de la suprématie militaire en Europe ; elle était unie à la fois par la géographie, le *credo* politique et le système économique à la Chine, qui était la principale puissance économique et militaire d'Asie. Sur ses marches occidentales s'étendait un glacis d'États communistes apparemment fidèles — Allemagne de l'Est, Pologne, Hongrie, Tchécoslovaquie, Roumanie, Bulgarie — plus une Yougoslavie indépendante mais toujours inébranlablement communiste et une Albanie, véritable *terra incognita.* A l'est et au sud de la Chine, enfin, la Corée du Nord et le Nord-Vietnam. On pouvait avoir la vision d'un empire s'étendant de la Porte de Brandebourg, à Berlin, jusqu'au port de Haïphong.

Il est quasiment certain que cette structure présentait un aspect bien plus compact et imposant vue de l'extérieur que vue du dedans. Mais on n'en savait rien, et il n'aurait pas été politiquement judicieux de le laisser entendre. S'il est arrivé à des hommes d'affaires de se ruiner pour avoir sous-estimé l'intelligence du peuple américain, aucun homme politique de l'époque n'avait chance de se faire élire s'il sous-estimait la puissance et l'unité du monde communiste. L'Occident se référait toujours au bloc sino-soviétique. C'était le temps où le secrétaire d'État Dean Rusk qualifiait la Chine de « Mandchoukouo soviétique » et lui déniait les attributs élémentaires de la souveraineté qui eussent pu la qualifier pour siéger aux Nations Unies. La souveraineté appartenait tout entière à Moscou.

Et il y avait plus encore. En Indonésie, Sukarno s'appuyait sur un parti communiste nombreux et puissant. L'Égypte, la nation la plus influente du monde arabe, bénéficiait d'un apport substantiel en armes et en conseillers soviétiques. De même que Ben Bella en Algérie. L'U.R.S.S. soutenait également Kwame N'Krumah au Ghana. En Italie et en France, des partis communistes imposants et influents semblaient se plier sans réserve aux suggestions sinon aux ordres de Moscou. Le mot *eurocommunisme* n'avait pas encore été inventé. Plus loin, dans les nouveaux États, le communisme et le socialisme paraissaient portés par la vague de l'avenir. Le capitalisme n'avait pas permis de briser les terribles chaînes de la pauvreté ; Moscou offrait la seule, et évidente, solution de rechange.

•

Pour éclairer ce passé, voyons à présent l'ampleur et le sens des changements qui ont suivi : la Russie et la Chine dressées l'une contre l'autre — rupture qui constitue l'événement essentiel de ces vingt années ; la Roumanie menant une politique indépendante, avec, à l'occasion, des ouvertures en direction de Pékin ; la Hongrie poursuivant une expérience économique relativement libérale ; la Pologne, à propos de laquelle tout commentaire est actuellement superflu ; l'Albanie, en rupture avec la Chine, plongée en pleine ambiguïté ; divers partis communistes occidentaux, notamment le parti italien, qui affirment leur indépendance ; les communistes indonésiens liquidés avec une cruauté que personne au monde ne saurait admettre ; les conseillers russes expulsés d'Égypte ; en Algérie, des tanks livrés par la Russie qui servent à replacer Ben Bella dans une réclusion où du fait soit des Français soit de ses compatriotes, il aura passé le plus clair de sa vie ; N'Krumah évincé pour s'être inconsidérément absenté de son pays. Dans les jeunes nations, le socialisme, impliquant un lourd appareil de gestion alors que les cadres administratifs sont si rares, n'apparaît plus comme la solution exaltante aux problèmes de la pauvreté, et on ne peut que le regretter quand on pense au poids accablant de celle-ci.

Face à tout cela, dressons le tableau de l'expansion communiste : en Afghanistan, où il s'agissait de sauver un régime marxiste en déconfiture, dans un pays qui, depuis 200 ans, s'est révélé le plus inhospitalier du monde à quelque impérialisme que ce soit ; en Angola, où le régime du M.P.L.A. est soutenu par les soldats cubains, et plus pratiquement, par les dividendes de la Gulf Oil ; en Éthiopie, où, comme le remarquait Ewelyn Waugh, l'autorité de l'État ne s'est jamais exercée bien loin hors des gares — disons, aujourd'hui, des aérodromes. En tant que bastion du communisme, l'Ethiopie pratique l'échange des rôles avec la Somalie, naguère bastion du communisme devenu avant-poste du monde libre. Et puis il y a le Sud-Yémen. Voilà vingt ans d'histoire de ce qu'on appelle l'empire soviétique.

Regardons à présent du côté américain. On a là une vision à certains égards quasi héroïque si on la compare à l'expérience russe. Mais la thèse du néo-impérialisme n'en apparaît pas fondée pour autant.

Tout autour de l'énorme masse continentale sino-soviétique, la puissance américaine s'exprimait à travers une série de sigles — S.E.A.T.O. au sud et à l'est, C.E.N.T.O. au Moyen-Orient, O.T.A.N. à l'ouest — que complétait tout un réseau d'alliances militaires. Ces traités aussi bien que leurs organisations présumaient le rôle prééminent des États-Unis en matière politique, financière et militaire.

En dehors de cette ceinture d'alliances (on usait alors volontiers du terme *encerclement*) les intentions américaines bénéficiaient de la sympathie de toute une communauté de nations. L'Amérique Latine leur apportait un soutien énergique et même automatique aux Nations Unies et au sein de l'Organisation des États Américains. Les États d'Amérique Centrale et des Caraïbes, Cuba mise à part, étaient tous tenus fermement en main par les États-Unis, au prix de quelques regrets occasionnels sur les dictateurs excessivement répugnants — Trujillo, Duvalier, les Somoza — qui permettaient à cette situation de se prolonger.

En 1961, il ne fut plus possible de rassembler une majorité sûre pour interdire à la Chine, cette province soviétique, l'entrée des Nations Unies. Mais il fut encore possible de réunir les voix nécessaires pour que son admission fût déclarée « question importante », exigeant une majorité favorable des deux tiers. Peu d'années auparavant, le secrétaire d'État John Foster Dulles avait accusé de neutralisme immoral les pays non communistes qui se tenaient à l'écart d'une alliance formelle avec les États-Unis. Même la neutralité, à la déplorer suffisamment fort, peut se transformer en *-isme*. Comme pour la Russie, on avait alors des raisons de parler d'empire américain. Or l'histoire récente a été en gros la même.

Le S.E.A.T.O. et le C.E.N.T.O. ont été, plus ou moins littéralement, balayés par le vent ; car ce n'était guère que du vent. Il en alla de même des accords militaires bilatéraux qui se fondaient sur l'hypothèse que le soutien diplomatique et militaire pouvait s'acheter contre des armes et se garantir par traité. Les nations ainsi liées à nous devaient se comporter en solides alliés et s'opposer résolument aux avances et aux menaces de l'Union Soviétique ou de la Chine. La réalité était que les politiciens et les régimes unis sous notre égide par ces traités avaient à faire face à bien trop de problèmes intérieurs pressants pour se préoccuper des risques apparemment tout à fait théoriques que pouvaient représenter pour eux Moscou et Pékin. Aucune des armées du S.E.A.T.O. ou du C.E.N.T.O. n'aurait tenu plus de quelques heures face à une action déterminée de l'Armée Rouge. Les armes, en revanche, se révélaient très utiles pour les guerres locales et la répression intérieure.

L'Organisation du Traité de l'Atlantique Nord, elle, survit, bien entendu. Mais là aussi, se manifeste une tendance à accepter de façon bien moins automatique qu'il y a vingt ans le leadership américain. Sur des questions aussi diverses que le commerce avec les Soviétiques ou le déploiement de fusées, la négociation est aujourd'hui nécessaire alors que naguère la suggestion eût suffi. Et la négociation ne réussit pas toujours. Cette évolution ne devrait d'ailleurs pas nous surprendre car, sur un plan politique plus large, nous l'avons encouragée. Au lendemain de la Seconde Guerre mondiale, nous avons investi des milliards de dollars dans le rajeunissement industriel de l'Europe occidentale et nous avons tout aussi énergiquement aidé à la renaissance économique du Japon. Cet effort, conjugué avec celui des pays concernés, obtint un brillant succès. On pouvait bien s'attendre à ce que ce succès se double, en Europe et au Japon, d'une affirmation de soi beaucoup plus assurée sur le plan politique.

Nous avons également perdu le soutien automatique de l'Amérique Latine ; nos signaux ne suscitent plus, de la part de ces pays, une réaction assurée au sein des Nations Unies ou de l'Organisation des États Américains. Et l'aberration des Falklands a donné récemment la mesure de l'assourdissement de notre voix. Mais, là encore, l'indépendance était l'un des buts de notre politique. Dans les années soixante nous proclamions notre attachement à l'autodétermination économique et politique de nos voisins ; de même qu'à la démocratie. Rien d'étonnant, donc, si cela a servi d'encouragement aux révoltes contre les sociétés oligarchiques et les régimes dictatoriaux d'Amérique Centrale. Nous proclamions également notre attachement à la croissance et au développement économiques de l'Amérique Latine. Il faut donc aussi s'attendre à ce qu'une nouvelle puissance industrielle comme le Brésil ou un membre relativement prospère de l'O.P.E.P. tel que le Venezuela s'affirme avec davantage d'assurance.

Ces vingt dernières années, les États-Unis ont subi deux revers sans équivoque : l'un au Sud-Vietnam, l'autre en Iran. C'étaient là les deux nations, l'une nouvelle, l'autre en pleine régénérescence, auxquelles nous avions le plus généreusement prodigué nos faveurs politiques et militaires — au Vietnam, une participation militaire active et coûteuse ; en Iran, une intrusion massive et également coûteuse, sous forme d'intérêts financiers, d'assistance technique à l'industrie, de matériel militaire et de conseillers. Dans ces deux pays, nous nous sommes associés à des dirigeants locaux qui, au Vietnam, étaient incompétents et corrompus et, en Iran, tyranniques, corrompus et méprisés. Et dans les deux pays, nous avons pâti de la réputation des gens que nous soutenions. Il en sera de même dans l'avenir. Plus à fond nous nous engagerons, plus amer sera le résultat.

La leçon est claire. La volonté d'indépendance nationale est la force la plus puissante de notre époque. Léser ce sentiment c'est toucher aux fibres les plus sensibles. Les Soviétiques en ont fait l'expérience, nous aussi. Si nous respectons cette volonté d'indépendance, nous pourrons nous faire des amis ; si nous la foulons aux pieds, nous serons infailliblement honnis. Si le régime en place est fort, efficace et populaire, il ne tolérera pas la domination étrangère — de qui que ce soit. S'il est faible, inefficace, impopulaire, corrompu ou tyrannique, il se peut qu'il accepte de l'étranger des conseils, des appuis et une certaine domination ; mais il cessera alors d'être toléré par son propre peuple. Tel a été, tel reste le lot du nouvel impérialisme. Mais il y a d'autres raisons encore qui expliquent son recul.

L'une d'elles est que le mot *impérialisme* lui-même est utilisé sans égard pour sa signification antérieure. En politique étrangère comme en économie, on se délecte à donner corps à des ombres, substance à des mythes. Ce qu'on a appelé impérialisme ces dernières années ne présente guère de ressemblance avec la pratique des siècles précédents. On avait alors un vrai impérialisme : la puissance impériale gouvernait à l'aide de ses propres ressortissants ; elle garantissait leur pouvoir grâce à ses propres troupes ou à des troupes directement à ses ordres. C'est ainsi qu'il en allait dans les empires espagnol, britannique, français et portugais, dans l'embryon d'empire américain et, bien entendu, dans les immenses dépendances orientales et méridionales de la Russie impériale.

Quand ce régime imposé du dehors était faible, il était renversé ; et peu importait que les gens gouvernés de cette façon fussent culturellement et ethniquement semblables à leurs maîtres. Ce sont des Espagnols qui ont chassé l'Espagne de Nouvelle Espagne, des Anglais qui ont expulsé l'Angleterre des colonies d'Amérique du Nord. L'attrait instinctif pour l'identité nationale et l'autonomie politique se manifestait déjà puissamment ; on a là, convenons-en, l'une des rares grandes constantes de l'histoire moderne. L'ancien impérialisme n'a réussi à étouffer les sentiments nationaux ou ethniques qu'en exerçant son autorité directement et sans partage.

Le cas de l'Inde est instructif. Les Britanniques furent considérablement aidés dans leur conquête, je l'ai déjà indiqué, par le fait qu'ils apportaient quelque chose qui ressemblait davantage à de l'ordre que les régimes anarchiques, rapaces, inefficaces et despotiques qu'ils supplantaient. Mais vers le milieu du siècle dernier, la domination britannique ne se serait pas maintenue un mois en l'absence d'un corps d'administrateurs britanniques efficaces et appuyés sur des troupes britanniques ou sous commandement britannique. La mutinerie de l'armée du Bengale en 1857 et le rapide effondrement de l'autorité impériale montrèrent aux yeux de tous où résidait la véritable source du pouvoir.

Dans l'Afrique française, portugaise et britannique il reposait de la même façon sur le monopole de la force ; les Anglais d'Afrique avaient mis cela en vers :

Quoi qu'il arrive nous avons
Des mitrailleuses et eux, non.

Voilà en quoi consistait le véritable impérialisme. Et finalement, cela ne suffit pas. Partout où il se trouva aux prises avec la revendication d'identité nationale, l'impérialisme s'effondra. Quelle que soit l'influence que nous continuons d'exercer en Europe occidentale et les Soviétiques en Europe orientale, elle n'est pas sans relation avec le maintien, accepté ou subi, de divisions.

Nos tentatives pour asseoir notre autorité par d'autres moyens sont dérisoires comparées au vieil impérialisme. Envoyer des administrateurs est impensable ; cela ferait trop immédiatement penser à l'époque précédente. Tout au plus, et au risque d'éveiller les pires soupçons, peut-on déléguer des techniciens et des conseillers. Quand on dépêche des troupes, comme en Afghanistan, au Vietnam ou en République Dominicaine, on révolte l'esprit du temps. Il faut de toute façon pouvoir compter sur un gouvernement constitué de politiciens locaux tout à fait dociles. Mais cela, nous l'avons appris au Vietnam et les Russes pourraient bien le découvrir en Afghanistan, le discrédite à coup sûr. Aux yeux de certains Américains excités, l'Inde passe à présent pour appartenir dans une large mesure à la sphère d'influence soviétique. Personne de mentalement viable n'irait imaginer que les Indiens, après avoir arraché leur indépendance aux Anglais, seraient prêts à la sacrifier aux Russes. Et si on soupçonnait les Soviétiques de visées de ce genre, ils auraient les plus graves ennuis. J'ajouterai qu'on peut difficilement rêver pire catastrophe pour le communisme que son avènement en Inde. La faveur que nous marquons actuellement au Pakistan, par une aide militaire massive, en particulier, ne menace nullement l'Inde ou l'Union soviétique, mais bien Zia ul-Haq et son régime. Accepter notre matériel risque de le faire passer pour trop docile à nos desseins. J'ai depuis longtemps la conviction, qu'est venu confirmer un récent article[1], que s'il s'offrait une solution de rechange acceptable politiquement et économiquement, Cuba serait bien aise d'échapper à une association trop intime avec l'U.R.S.S. Cette solution de rechange, nous devrions en maintenir constamment ouverte la possibilité.

Une autre différence fatale nous sépare du XIXe siècle — j'y reviendrai au dernier chapitre. Nos prédécesseurs en impérialisme se souciaient fort peu d'exporter ou d'imposer leurs propres systèmes social et économique; ce qu'ils trouvaient en Asie ou en Afrique, ils l'acceptaient. Les maisons de commerce, les compagnies minières et les plantations qui s'installaient ne poursuivaient aucun but culturel ou idéologique. Les missionnaires, eux, essayaient de transformer la religion, la culture et les institutions locales et pour cette raison même entraient souvent en conflit avec les administrateurs coloniaux. Ceux-ci pensaient qu'il fallait laisser les populations à leurs sordides règles sociales, religieuses et autres et à leur douteuse hygiène corporelle.

Dans la période récente, au contraire, l'influence des grandes puissances a obéi à une vigoureuse motivation idéologique, qu'il s'agisse de défendre la libre entreprise ou d'apporter les bienfaits libérateurs du socialisme. Une telle préoccupation est à la fois anachronique et vouée à l'échec dans les premiers stades du développement économique. Le choix entre capitalisme et communisme ne se présente vraiment qu'une fois qu'il y a capitalisme. L'idéologue le plus acharné qui visite un campement tribal ou qui voit fonctionner une économie villageoise primitive ne saura dire s'il s'agit de capitalisme ou de communisme. C'est que les structures simples n'appartiennent ni à l'un ni à l'autre. En revanche, l'effort pour imposer un système économique renforce la résistance à son encontre. L'apôtre de la libre entreprise ou du socialisme apparaît comme l'ennemi des modes établis de vie sociale, culturelle et économique. C'est particulièrement vrai du socialisme ; car la libre entreprise a cette chance qu'elle est souvent tout simplement ce qui se trouve exister déjà. Ni la tentative d'imposer le socialisme ni celle de faire adopter le capitalisme moderne ne respectent le processus historique échelonné esquissé au dernier chapitre et qui constitue l'essence du développement politique, social et économique.

Si l'influence des États-Unis et de l'Union Soviétique est en recul, c'est aussi parce que nos systèmes économiques, ces dernières années, n'ont pas précisément fonctionné d'une façon qui en fasse des exemples lumineux pour le reste du monde. L'un comme l'autre ont atteint un niveau très poussé d'organisation et sont aux prises avec les tendances sclérotiques inhérentes à toute organisation, privée ou étatique, socialiste ou non. Mais il est indiscutable que la principale explication du déclin commun aux nouveaux impérialismes réside dans la détermination universelle et sans concession des peuples du monde de se gouverner eux-mêmes.

J'ai parlé de déclin ; cela ne signifie pas nécessairement malheur. On ne saurait dire qu'aujourd'hui, aux États-Unis, nous soyons malheureux parce que nous habitons un monde de nations sûres d'elles-mêmes et qui le disent. Cela n'attente en rien à notre fierté nationale ; cela peut, en revanche, nous servir de garde-fou dans l'action. On ne peut pas regretter le freinage exercé par nos alliés européens sur notre politique de déploiement de fusées ou de sanctions économiques. C'est au Sud-Vietnam que nous avons subi notre échec le plus grave de ces vingt dernières années. On a du mal à croire que nous nous trouvions en moins bonne condition économique, politique ou militaire parce que cette malheureuse péninsule et ses calmes et sympathiques habitants ont été rendus à la relative obscurité à laquelle une nature bienveillante les a voués. Les dominos — la Thaïlande, la Malaysia, Singapour —, si éloquemment invoqués pour justifier notre intervention en Indochine, sont toujours debout. L'influence qu'exerce l'Union Soviétique sur le Vietnam va maintenant se heurter, soyons-en sûrs, à la même puissante passion de l'indépendance et de l'affirmation nationale que l'époque rend inévitable et qui, au cours des siècles et des décennies passés, a si énergiquement réagi dans ce pays contre les Chinois, les Français et nous autres Américains.

Le malheur et le danger que comporte cette situation ne résident pas dans le déclin de l'influence exercée par les grandes puissances mais dans l'incompréhension de ce phénomène. Les nations peuvent se lancer dans des actions dangereuses par sentiment incontrôlé de puissance. Elles le peuvent aussi par crainte de paraître faibles. C'est cette crainte qui nous a envoyés au Vietnam. C'est elle encore, face à un État satellite, qui a fait intervenir les Soviétiques en Afghanistan. Et c'est elle, toujours, qui continue à rendre dangereuse la situation polonaise. Nous devons comprendre, et espérer que les Soviétiques comprendront, que ce qu'on appelle faiblesse consiste, en fait, en une accommodation aux réalités de l'époque. Le temps de l'impérialisme, qu'il soit du type ancien ou nouveau, est assurément révolu. Tant pour l'Union Soviétique que pour nous-mêmes, il a cédé la place à l'ère de l'État maniaque de son indépendance. Si nous ne parvenons pas à reconnaître ce fait, ce sera à nos risques et périls et à nos dépens.

Mais c'est là un domaine où l'expérience livre aux préjugés un combat inégal. Le cliché a la vie dure, qui partage le monde en sphères d'influence — une orbite américaine et une orbite soviétique. Les stratèges, se targuant de réalisme, continuent, au vu de la carte, d'assigner chaque pays à l'une ou l'autre des grandes puissances. Quant à nous autres, convenons que dans le monde réel, tout ce qui évoque la domination est une arme à double tranchant qui, tôt plutôt que tard, frappe ceux qui la manient. S'ils les aident sans arrière-pensée, les pays riches peuvent entretenir avec les pays pauvres des relations bienvenues et amicales. S'ils s'efforcent de les guider et de les dominer, ils ne doivent s'attendre qu'à une réaction hostile.

De tout ce qui précède, je conclurai que l'évolution actuelle ne nous conduit pas tout droit à l'affrontement avec les Soviétiques dans les nouvelles nations, à moins que, par aveuglement, les uns ou les autres, eux ou nous, ne le veuillent. L'attachement à l'indépendance nationale impose aux deux grandes puissances le retrait. Les empiètements des Soviétiques leur seront dommageables à eux au premier chef ; les nôtres nous seront surtout dommageables à nous-mêmes. Telle est l'évolution historique à laquelle nous sommes confrontés, eux comme nous. Souhaitons de savoir la reconnaître et la respecter. Et surtout que les jeunes nations sachent faire comprendre aux vieilles qu'elles ne sont pas des enjeux adéquats pour une confrontation impérialiste, qu'elles rejettent la domination de l'une comme de l'autre des grandes puissances et ne réclament que ce même droit à l'autodétermination auquel aspirent toutes les nations, vieilles ou jeunes.

IV

Le nœud militaire

Ayant évoqué, au précédent chapitre, les relations politiques entre nouvelles et anciennes nations et plus précisément entre petits pays et superpuissances, je voudrais examiner à présent leurs relations militaires. Le fait premier réside dans la sinistre et, par ses effets ultimes, globalement mortelle course aux armements entre les États-Unis et l'Union Soviétique. De là découlent un certain nombre de conséquences pour les nouvelles nations, soit qu'elles se trouvent happées dans cette course, soit que la surabondance d'armements disponibles les incite à cultiver leurs propres animosités et craintes.

Les armes engendrent à la surface du globe, des relations qui peuvent se schématiser en une figure à quatre côtés, un quadrilatère, donc, qui se tiendrait dressé sur l'une de ses bases. En haut, chacun à un angle, se trouvent les États-Unis et l'Union Soviétique. Entre ces deux superpuissances et dominant tout le reste, se déroule la course aux armements ; de chacune d'elles descend un flux d'armes vers les jeunes États groupés à chacun des deux angles du bas, flux auquel contribuent également la France, la Grande-Bretagne, la Suisse et Israël. Tout le long de la base de notre quadrilatère, ces armes nourrissent les antagonismes et stimulent la compétition entre nouveaux États — des États dans lesquels bien souvent, ces armes et la formation qu'elles requièrent sont payées, quasi littéralement, avec le pain ou le riz arraché de la bouche des habitants. Mon propos est d'examiner chacun des côtés de ce quadrilatère : la course aux armements entre les grandes puissances, la fourniture d'armes vendues ou données par chacune d'elles aux pays pauvres et la compétition et les tensions que cela engendre.

C'est donc sur le côté supérieur du

quadrilatère que se déroulent les phénomènes les plus lourds de menace puisqu'il s'agit de la concurrence entre les deux superpuissances en matière d'armes nucléaires. Celle-ci, comme la plus grande part de ce qui concerne les armes et les armées dans le monde moderne, n'obéit à aucune logique militaire, à aucune préoccupation telle que la protection des vies et des ressources des gens concernés ou leur survie en tant que nation. Non : elle a sa mystique et sa dynamique propres dont la conséquence admise est la possibilité d'une extermination massive et d'une destruction des entités nationales mêmes que ces armes sont censées défendre.

Les forces qui perpétuent cette course aux armements sont, bien entendu, nombreuses ; on ne gagne rien à simplifier. L'une d'elles réside dans la compétition technique. Chaque puissance crée des armes d'une capacité destructive et d'une précision toujours accrues qui périment celles de l'autre. Chacune, anticipant sur ce processus, s'efforce de mettre au point les armes qui rendront inefficaces et donc périmées celles d'en face. Une vaste communauté de spécialistes fort savants, qui cultive son propre langage et ses propres valeurs, — chercheurs, ingénieurs, hommes politiques —, alimente et guide ce mécanisme.

Cette dynamique technologique est entretenue par les intérêts économiques, bureaucratiques et scientifiques de ces spécialistes — intérêts évoqués par le président Dwight Eisenhower dans le plus mémorable de ses discours, quand, au moment de quitter la présidence, il mit en garde contre « l'influence grandissante et non contrôlée, voulue ou non, du complexe militaro-industriel ». Ces intérêts, l'intérêt bureaucratique en particulier, ne sauraient être attribués en propre à un côté plutôt qu'à l'autre. Et tant aux États-Unis qu'en Union Soviétique, il se renforce puissamment d'une manipulation de la peur — peur de ce que font ceux d'en face, peur d'être taxé de mollesse face à un ennemi potentiel. Dans un passage de ses mémoires qui aurait mérité plus d'attention qu'il n'en a recueilli, Nikita

Khrouchtchev rapporte une conversation qu'il eut à Camp David avec Eisenhower :

« Dites-moi, monsieur Khrouchtchev (c'est le président qui parle) comment décidez-vous de la question des crédits militaires ? » Puis, avant que j'aie pu dire quoi que ce fût, il ajouta : « Peut-être devrais-je d'abord vous dire comment cela se passe chez nous...

« Voici : mes militaires viennent me dire, " Monsieur le président, il nous faut tant et tant d'argent pour tel et tel programme... Si nous n'obtenons pas les crédits dont nous avons besoin, nous serons dépassés par l'Union Soviétique. " Alors je cède. C'est comme ça qu'ils m'extorquent de l'argent. Ils en réclament toujours plus et je leur en donne toujours plus. Et maintenant, dites-moi, comment est-ce que ça se passe chez vous ? »

Et voici la réponse de Khrouchtchev :

« Exactement de la même façon. Des gens de notre ministère de l'armée viennent me trouver et me disent, " Camarade Khrouchtchev, voyez un peu ça ! Les Américains sont en train de mettre au point tel et tel système. Nous pourrions en faire autant mais ça coûterait tant et tant. " Je leur réponds qu'il n'y a pas d'argent ; on a attribué déjà tous les crédits. Alors ils disent, “ Si nous n'obtenons pas l'argent dont nous avons besoin et s'il y a une guerre, l'ennemi aura une supériorité sur nous. ” Alors nous reprenons la discussion et je finis par leur donner l'argent qu'ils réclament[1]. »

La dernière et puissante motivation de la course aux armements est la croyance largement répandue qu'elle garantit un système économique, politique et social — un genre de vie. Du côté américain, nous défendons la liberté de l'entreprise et des institutions, qu'attaquent le socialisme et le communisme ; l'armement, quel que soit son coût et le risque qu'il implique, représente le moyen de la défendre. L'Union Soviétique, environnée par un monde où le capitalisme prédomine, a une réaction symétrique. C'est ainsi que des gens animés d'un idéal social élevé — la liberté ou le communisme — se trouvent contraints de militer pour la course aux armements.

Si nous voulons faire obstacle aux forces qui la perpétuent, nous devons avant tout comprendre que cette compétition ne vise pas, en réalité, à défendre des systèmes économiques et sociaux, que ce soit celui des États-Unis ou celui de l'Union Soviétique. Elle fait actuellement courir aux deux systèmes un grave danger, celui de les ramener à un type de société largement antérieur au socialisme et au capitalisme et pour lequel il n'y a même pas de mot. On en revient toujours à l'histoire. Capitalisme et socialisme en sont les produits hautement complexes et un conflit nucléaire aurait les mêmes effets dévastateurs sur les deux. Les transports, les communications, la production alimentaire, l'économie monétaire elle-même succomberaient. Et aussi les institutions politiques du monde libre, de même que les structures plus complexes encore qu'exige le socialisme. Des deux côtés, il ne resterait, au mieux, qu'une économie médiévale, les malheureux survivants fouillant sans espoir un sol contaminé. Plus de liberté ni de démocratie, deux notions inconnues de la vie médiévale, non parce qu'on ne les avait pas encore inventées mais parce que l'omniprésence de la pauvreté leur ôtait tout sens. Que nul n'en doute : les cendres du capitalisme, même le plus acharné des idéologues survivant ne saurait les distinguer de celles du socialisme.

Un résultat, du moins, dans cette éventualité, aura été atteint : les différences entre pays pauvres et riches auront été enfin éliminées. Selon un calcul qui donne fort à réfléchir, la vie et le bien-être du citoyen moyen des États-Unis ou de la Russie sont exposés à des risques aussi grands que la vie du plus pauvre paysan indien. Mais ce paysan lui-même n'est pas à l'abri des dangers d'un conflit nucléaire. Les retombées, les répercussions sur l'ozone, la contamination engendrée par une confrontation à grande échelle ou par cette guerre limitée que certains stratèges, décidément immunisés contre la santé mentale, estiment possible, tout cela, comme la pluie, s'abattra sur le juste et sur l'injuste, sur l'innocent et sur le responsable, également.

Il faut arrêter la dynamique technologique aux États-Unis et en Russie ; il faut vaincre les intérêts bureaucratiques et économiques qui l'alimentent ; et aussi la peur de regarder le problème en face. Pour y arriver, le procédé de loin le plus direct et le plus compréhensible consiste en un gel bilatéral de la mise au point, de la production et du déploiement de toute arme nucléaire nouvelle, en tant que prélude à des négociations sur la réduction et, espérons-le, l'élimination des armements de ce type. Un tel gel n'est ni impraticable, ni illusoire, ni visionnaire ; c'est le moyen, tout à fait judicieux et réaliste, de briser le quasi-monopole de décision qu'ont exercé en cette matière ceux qu'on a pu appeler les théologiens du nucléaire. Je veux parler de ces gens au bénéfice de qui les subtilités techniques et militaires liées à la conception et au déploiement des armes et la politique suivie en matière de négociation sur le désarmement se sont transformées en un domaine intellectuel réservé, d'où la masse des citoyens, y compris ceux qui réclament un contrôle des armements non pas symbolique mais effectif, est exclue sous prétexte d'ignorance et de naïveté. Il y a là une délégation de pouvoir, la plus dangereuse que connaisse notre époque, qu'on ne saurait tolérer plus longtemps.

On assiste dans le monde entier, je l'ai dit, à une montée de l'inquiétude suscitée par les dangers d'un conflit nucléaire et à une pression accrue pour que cette menace soit définitivement écartée. Aux États-Unis, c'est la question politique primordiale. Aucun homme politique n'oserait s'en prendre de front à ce mouvement ; s'il est rétif à un contrôle effectif des armements, il lui faudra invoquer la complexité d'une négociation, de laquelle le public, incomplètement informé, est exclu. Ou bien il jouera sur la peur d'une supériorité russe. Ou encore, il affirmera la nécessité d'une réduction des armements tout en réclamant qu'on procède d'abord, aux fins de marchandage, à un accroissement massif.

Le mouvement politique antinucléaire gagne en puissance au Japon et en Europe. Et étant donné l'expérience douloureuse que les Soviétiques ont faite de la guerre, il est fort douteux qu'il n'existe pas aussi sous les majestueux silences de l'U.R.S.S. C'est cette force massive qu'il faut mobiliser pour un contrôle réel des armements.

On s'est beaucoup inquiété, ces derniers temps, de la prolifération des armes nucléaires. Je partage profondément cette inquiétude ; je souhaite qu'il y ait le moins de pays possible qui en possèdent et si possible aucun. Mais qu'on n'aille pas s'imaginer que nous serions en sûreté si ces armes, avec leurs dispositifs de déclenchement, étaient exclusivement en possession des grandes puissances. Il convient certes de demander à tous les pays d'approuver énergiquement l'inquiétude qui s'exprime à propos des dangers de la prolifération, mais il faut non moins fermement exiger que par un effort réel et sérieux de contrôle des armements, les grandes puissances réduisent les dangers auxquels elles exposent les peuples du monde entier.

Les dépenses d'armements, nous commençons aussi à nous en rendre compte, sont profondément contraires à la bonne performance économique des anciens pays industriels, et notamment des États-Unis et de l'Union Soviétique. Dans un ouvrage qui fait autorité, *World Military and Social Expenditures, 1981* (Les dépenses militaires et sociales dans le monde en 1981), Ruth Leger Sivard aboutit à cette conclusion :

> Sur les dix pays développés pour lesquels on dispose de données concernant les années 1960-1979, les deux pays qui ont connu la croissance la plus lente en matière d'investissements et de productivité industrielle (le Royaume-Uni et les États-Unis) sont ceux où les dépenses militaires sont les plus élevées par rapport au P.N.B. Les meilleurs résultats pour les investissements et la productivité sont observés au Japon, où la proportion dépenses militaires/P.N.B. a été très faible et où la productivité a crû au taux stupéfiant de 8 % par an. [L'Allemagne, dont les dépenses militaires sont relativement faibles a également connu un bon taux de croissance de la productivité.]
>
> Les résultats les plus mauvais sont probablement ceux de l'Union Soviétique, où la proportion du P.N.B. consacrée aux programmes militaires est plus élevée que dans

les pays de l'O.T.A.N., peut-être dans un rapport de 2 à 1.

Elle explique ainsi ce lien entre fortes dépenses militaires et faible productivité :

> La course aux armements... draine les ressources en investissement et en recherche... [*et*] limite le potentiel de croissance et d'innovation. Pour le secteur civil, cela signifie une économie moins compétitive sur les marchés mondiaux, moins à même d'offrir à ses citoyens des conditions de vie meilleures[2].

Durant la décennie 1970, les États-Unis consacrèrent aux dépenses militaires de 5 à 8 % de leur P.N.B. et les Allemands, de 3 à 4 % soit, la plupart des années, environ moitié moins. Pendant cette même période, les Japonais n'investirent à des fins militaires que moins de 1 % de leur P.N.B. En 1977, pour prendre l'exemple d'une année moyenne, les dépenses militaires américaines s'élevèrent à 441 dollars par tête d'habitant, celles des Allemands à 252 dollars et celles des Japonais, à peine à 47 dollars. C'est du capital ainsi épargné qu'est provenue une part substantielle des investissements civils grâce auxquels ce dernier pays a édifié sa puissance industrielle et concurrence à présent si efficacement celle des États-Unis. Les chiffres, à nouveau, sont éloquents. Pendant la décennie 1970, les investissements américains en capital fixe, dépenses militaires et logement exclus, ont varié entre 16,9 % et 19 % du P.N.B. Ceux de l'Allemagne sont allés en croissant de 20,6 % à 26,7 %. Quant à ceux du Japon, ils sont passés de 31 % au chiffre record de 36,6 %. L'investissement consacré à l'amélioration des équipements civils est ainsi en raison inverse de ce qui est investi dans les armements[3].

Voilà pour la compétition militaire entre les grandes puissances. Examinons maintenant ses répercussions sur les nouveaux États du monde post-colonial.

Le long de chacun des deux côtés du quadrilatère s'écoule des grandes puissances vers des pays pauvres un flux d'armements vendus ou donnés qui est très nettement concentré sur le Moyen-Orient, l'Inde, le Pakistan, la Corée, la Libye et Israël. L'annuaire de 1979 de l'Institut International de Recherches pour la Paix, de Stockholm, estimait les importations d'armes effectuées en 1978 par les nouveaux États à 14 milliards de dollars (dollars américains de 1975)[4]. Elles ont été en accroissement constant depuis lors et le seront davantage encore à l'avenir[5].

D'un point de vue strictement militaire, une grande partie de ces fournitures est dérisoire et parfois même risible. Ici joue à nouveau le processus historique. Cette ruineuse quincaillerie militaire est invariablement adaptée, non au stade politique, social et économique actuel de l'acheteur mais à un stade ultérieur. David Wood, du *Los Angeles Times* évoquait en 1982 les problèmes qui se posaient aux responsables de la défense de l'Arabie Séoudite. Ils ont certes des avions. Ce sont des F-5, des F-15 ultra-perfectionnés sont commandés, ainsi que des appareils de transport C-130 et des hélicoptères, avec en perspective le très controversé AWACS pour la surveillance du désert et des environs. Il ne manque que « les pilotes, les mécaniciens, les techniciens et les administratifs pour que cette machine militaire marche ». Avec la précision qui caractérise le soldat moderne, les conseillers militaires américains estiment que le gouvernement séoudien n'aura pas atteint l' « auto-suffisance » (autrement dit la capacité de se passer d'étrangers pour l'entretien et l'utilisation de ses avions de transport, de ses F-15 et de ses AWACS) avant une période relativement rapprochée du XXIe siècle. Voilà vraiment de la planification à long terme.

Les forces militaires, leur matériel et leur mode de fonctionnement doivent correspondre au stade de développement national du pays qui est censé s'en servir. Au Vietnam, nous n'avons pas été défaits par un matériel techniquement supérieur. Tout au contraire; si les Nord-Vietnamiens et leurs alliés guérilleros avaient combattu avec des hélicoptères et des avions supersoniques, avec des tanks et des véhicules blindés, ils n'auraient pas tenu un mois. Mais en parfaite cohérence avec leur niveau de développement historique, ils se déplaçaient dans la jungle à pied, avec les seules armes, munitions et rations de riz qu'ils pouvaient transporter. Contre cela, nous, et les forces de l'armée sud-vietnamienne, dotées d'un équipement moderne, nous ne pouvions pas lutter. Israël a gagné ses guerres contre l'Egypte parce qu'il était en harmonie avec son propre armement relativement perfectionné alors que les Égyptiens ne l'étaient pas avec le leur. Il en alla de même dans le conflit entre l'Inde et la Chine en 1962, tragédie que j'ai pu observer de très près. Les Chinois, quand ils franchirent les cols élevés de la N.E.F.A. (North-East Frontier Agency) utilisaient un matériel qui correspondait à leurs moyens, y compris l'infrastructure logistique ; ils vainquirent donc les forces indiennes plus lourdes et plus structurées.

Je n'irai pas jusqu'à prétendre que le meilleur moyen d'affaiblir la capacité militaire d'un pays aux premiers stades de son développement historique et industriel consiste à l'écraser sous un arsenal de matériels ultra-perfectionnés et qu'on parvient ainsi à détourner l'esprit des hommes des instincts léthaux de la guerre vers les amusants mystères de la technologie moderne, de l'administration militaire et de la logistique. Mais il est incontestable qu'une grande part des armements dont les grandes puissances inondent les petites est une absurdité militaire.

Le phénomène a un autre effet pervers. Avec les armes et le matériel viennent les hommes qui enseignent leur maniement et aident à leur entretien. Leur mode de vie et leur comportement en public ne passent pas inaperçus, non plus que leurs liens étroits avec l'armement et avec les chefs militaires locaux. En un secteur si sensible, que viennent donc faire ces étrangers ? Ne faut-il pas flairer là quelque malin dessein impérialiste ? On touche donc là la plus sensible des fibres, je l'ai dit. C'est ce qui s'est passé pour les conseillers soviétiques en Chine et pour les nôtres en Indochine et en Iran. Pour susciter l'hostilité, c'est assurément un procédé efficace que d'injecter une dose massive de matériel militaire avec le personnel nécessaire à son utilisation.

Mais plus importantes encore sont les répercussions économiques et sociales. Ce sont les plus pauvres d'entre les pauvres qui payent ces armes. Ces achats se font aux dépens d'investissements civils qui auraient permis d'élever le niveau de vie — aux dépens, je le répète, du pain même. Les privations ainsi infligées peuvent fort bien engendrer un mécontentement, une agitation, une colère qui prend pour cible le régime, le système économique et social et ce pays ami fournisseur d'armes, qui apparaît comme la cause du mal. Il s'ensuit également que le poids relatif des militaires s'accroît aux dépens du pouvoir civil. Le résultat c'est qu'à notre époque les armées et les fournitures d'armes servent bien plus souvent à renverser les gouvernements qu'à les défendre.

Nous en venons enfin au côté inférieur de notre rectangle. Le flux d'armes alimente les tensions et les conflits entre ceux qui le reçoivent — entre l'Inde et le Pakistan, l'Iran et l'Irak, Israël et les pays arabes, entre les différentes factions libanaises, entre riverains du Sahara ou nations d'Amérique Centrale. Ces conflits reflètent en grande partie la rivalité militaire entre les grandes puissances, à travers les alliés ou acolytes qu'on les soupçonne de cultiver et les livraisons d'armes pour aider les amis et soutenir ou contrer des insurrections ou des mouvements révolutionnaires réels ou factices.

Ne nous excusons jamais d'être visionnaire. Sans vision, l'homme positif, c'est-à-dire mentalement fermé, et sans espoir reste livré à ses tendances léthales. Mais il ne faut pas non plus se détacher exagérément de la réalité. Il y a bien longtemps que les hommes forment des groupes armés. Et on n'oserait, hélas, préconiser l'abolition complète des armées dans les nouvelles nations. On peut seulement demander à ceux qu'il concerne au premier chef qu'ils jettent sur le problème un regard neuf et résolu.

Je ne veux pas minimiser la responsabilité des grandes puissances pour ce qui est de permettre et, bien sûr, d'encourager l'afflux d'armes vers les pays pauvres. Mais ceux qui les achètent et les reçoivent doivent maintenant réagir énergiquement. S'il est un domaine où l'on peut souhaiter que les pays pauvres fassent entendre leur voix auprès des riches c'est bien celui-ci. Il faudrait faire comprendre aux pays fournisseurs qu'aux premiers stades du développement historique, les armes modernes sont dans une large mesure inadaptées. Ne nous attendons pas à trouver chez les grandes puissances beaucoup de bon sens en ces matières : elles croient toujours indispensable leur dernier gadget — le plus cher. Il faudrait leur faire admettre que ces panoplies sont en réalité socialement dommageables et politiquement déstabilisantes.

Jusqu'ici, ce genre d'appel aux grandes puissances pour qu'elles tarissent le flux des armes n'a pas été entendu. Il faut donc que les nouvelles nations passent à l'action, qu'elles se mettent d'accord, quel que soit l'état actuel de leurs relations, pour *refuser* les armes. Dans ces cas-là, un boycott est toujours plus efficace que de simples sanctions. Les pays pauvres doivent continuer à reprocher leurs fautes aux riches et ceux-ci doivent reconnaître qu'ils ont péché en fournissant des armes aux pauvres. Mais ces derniers doivent s'attaquer eux-mêmes au problème. Puisqu'on invite l'Union soviétique et les États-Unis à surmonter leur méfiance et leur animosité pour parvenir à un désarmement, que les pays pauvres en fassent autant et s'en prennent à leur propre course aux armements. La session de 1982 de l'Assemblée Générale des Nations Unies sur le désarmement devrait déboucher sur une vaste négociation entre les destinataires de ces armes, qui pourrait commencer par une conférence destinée à faire connaître le problème et l'effort entrepris pour le résoudre. Une telle conférence, réunie, par exemple, à New Delhi, aurait certainement une force de persuasion très grande. Nul doute que les tensions à surmonter seraient considérables, mais c'est cette animosité et ses conséquences qui donnent à un tel effort toute son importance.

Si les deux grandes puissances et les autres pays industriels n'ont montré aucune intention sérieuse de réduire les exportations d'armes vers les pays pauvres, c'est en partie à cause des intérêts économiques en jeu mais c'est aussi parce que ce ne sont pas les pays riches qui pâtissent de ces fournitures. Leur coût écrasant, ce sont les jeunes nations qui l'acquittent ; à elles à présent de se concerter pour dire non. Il n'y aurait pas de meilleure preuve que le bon sens ne dépend pas du revenu par tête et qu'il peut et doit s'exprimer de plus en plus haut dans les pays pauvres à l'intention des riches.

Quand on prend la mesure de la tâche — arrêter la course aux armements entre les puissances nucléaires, tarir les fournitures d'armes aux pays pauvres, réduire les tensions et la course aux armements entre ceux-ci — on se dit que l'humanité a devant elle une entreprise énorme — mais qui conditionne son espoir de survie. La tentation est forte de renoncer, d'attendre, en l'acceptant, le pire. Comme en face de la mort, l'esprit se réfugie dans une attitude de dénégation. Cela ne doit pas se produire. La menace de la guerre nucléaire a déjà suscité une énergique réaction dans les pays riches ; l'obsession des armes et la compétition qui en résulte devraient en susciter une semblable dans les pays pauvres. Leurs peuples ne sont pas seulement des victimes en sursis ; les privations dues au coût accablant des armes en font des victimes présentes. Nulle forme passée d'exploitation, impérialiste ou autre, n'a été aussi désastreuse ni aussi dangereuse que celle-ci. Que les victimes et leurs gouvernements réagissent.

V

Les pays riches face à l'évolution historique

La nécessité de s'accommoder à l'évolution historique n'est pas le problème des seuls pays pauvres. Les systèmes économiques des pays les plus prospères fonctionnent mal ; ils ne tiennent plus, et de loin, leurs promesses, dans le monde capitaliste comme dans le monde socialiste. En un sens large, cela résulte aussi du refus de reconnaître que la vie économique est prise dans un perpétuel changement et que l'échec et la déception s'ensuivent lorsque la politique ne procède pas aux ajustements nécessaires. Dans ce chapitre, je voudrais analyser ce processus historique et les problèmes que l'accommodation au changement pose aux riches nations industrielles du monde capitaliste d'aujourd'hui.

Le principe agissant de ces transformations, le moteur de l'évolution historique dans les pays non socialistes évolués, c'est l'organisation. Cette force, quiconque a tant soit peu les yeux ouverts sur le monde environnant ne peut manquer de la voir. Elle réside, avant tout, dans le vaste et omniprésent appareil de l'État moderne. Dans les pays non socialistes, on le trouvera un rien trop gros ou un rien trop petit selon qu'on est conservateur ou social-démocrate ; mais tous les réalistes en tomberont d'accord, il continuera d'être très gros.

L'organisation règne également dans l'entreprise, surtout dans la grande firme. Aux États-Unis, quelque deux mille géants se partagent environ les deux tiers de la production du secteur privé, et on observe une concentration du même ordre dans les autres pays capitalistes. Bien entendu, tout le monde ne voit pas d'un bon œil ces grosses firmes et celles qu'on appelle multinationales suscitent les plus noirs soupçons. Nationales ou internationales, elles n'en sont pas moins destinées à durer. La complexité des tâches à accomplir et les exigences du commerce moderne, qui imposent au producteur de faire accompagner son produit jusqu'au dernier consommateur par des réseaux de commercialisation et divers services, ne laissent aucune alternative.

Là où existent de grosses firmes, existent aussi, à de très rares exceptions près, de puissants syndicats. Ceux-ci également sont destinés à durer. Un autre élément permanent de ce tableau consiste en organisations agricoles fort bien introduites, qui ont réussi dans la plupart des pays industriels du monde non capitaliste à faire fixer des prix-plancher pour la plupart des produits. A quoi il faut ajouter de nombreuses autres organisations professionnelles plus ou moins influentes. Enfin, même si elle a perdu de son audace, citons l'O.P.E.P., qui régit ou s'efforce de régir les prix de la plus importante des ressources énergétiques actuelles.

Toutes ces organisations poursuivent un

objectif commun, dont seuls peuvent nier l'existence les mystiques de la libre entreprise. Et c'est de retirer son pouvoir au marché pour le confier, dans une mesure plus ou moins grande, à ceux qui produisent les biens ou les services concernés. C'est là un trait nécessaire et même indispensable du développement économique avancé, une partie constitutive du processus historique. La planification de l'entreprise moderne exige que dans toute la mesure possible, l'évolution à venir des prix obéisse à une influence intelligente, sinon à un pouvoir ; elle ne peut être laissée entièrement au hasard. La même chose vaut pour les coûts. Quant à la réaction du consommateur, la publicité et le *merchandising* s'en chargent, dans les pays industriels. La production à grande échelle du XXe siècle, avec ses énormes investissements et ses objectifs à très long terme serait impossible si les prix, les coûts et le volume des ventes étaient abandonnés sans restrictions aux mouvements absolument imprévisibles du marché classique. Quant aux agriculteurs, aux producteurs de pétrole, aux ouvriers syndiqués, aux membres des professions libérales, ils ont aussi pour objectif d'échapper aux risques parfois cruels du système de la libre entreprise. La rhétorique des pays capitalistes riches ne cesse de célébrer les mérites d'un marché sans entraves ; on lui rend hommage dans tout le monde industriel ; et de fait, il est loin d'être mort. Mais la réalité d'aujourd'hui, c'est une tentative massive d'échapper à ses imprévisibles caprices. Les épreuves actuelles des pays industriels trouvent leur origine dans les problèmes non résolus et même souvent ignorés que pose au monde le règne de la grande organisation. Par attachement à la mystique du marché, on nie que l'organisation massive ait changé la réalité. Les gouvernements s'obstinent donc à pratiquer une politique correspondant à une étape historique antérieure. Rien d'étonnant si elle entre tristement en conflit avec la situation présente.

Les transformations introduites par l'organisation sont à la fois internes et externes. Internes sont les problèmes de gestion, de bureaucratie et de dynamique bureaucratique qui affligent les organisations tant publiques que privées. Elles se dilatent sans rapport avec leurs tâches ; en se reproduisant, elles entretiennent précieusement l'incompétence et souvent la font proliférer par clonage puisque la compétence se définit comme tout ce qui ressemble à ce qui existe déjà. Ces maux affectent les vieilles bureaucraties privées du monde non socialiste et les structures plus élaborées encore des pays socialistes. On a rarement abordé ce problème car on a rarement admis qu'il se posait. Qui voudrait se risquer à affirmer que le capitalisme et le socialisme ont en commun un tel vice si profondément enraciné ? Il y aurait bien plus à dire sur ce sujet, mais il faudra attendre une autre occasion.

Le problème externe propre au monde non socialiste réside dans l'interaction des structures organisationnelles modernes, cette dynamique qui provoque inlassablement une pression à la hausse sur les coûts et les prix. Les revendications syndicales et les accords auxquels elles aboutissent provoquent la hausse des prix ; celle-ci justifie de nouvelles revendications ; les prix agricoles sont ajustés en hausse et l'élévation du coût de la vie réagit sur les salaires ; le prix de l'énergie pousse également cette spirale vers le haut. Tout cela fait partie de la réalité visible et admise de tous les pays industriels. C'est la forme moderne de l'inflation, inévitable dans le monde de l'organisation. Les prix peuvent encore s'élever sous la pression de la demande ; mais s'ils s'élèvent actuellement c'est aussi, et de façon beaucoup plus soutenue, à cause de la dynamique des prix et des salaires qui ont échappé à l'emprise du marché pour tomber sous celle de l'organisation. Le problème se complique encore du fait des méthodes utilisées, surtout en Grande-Bretagne et aux États-Unis, pour combattre cette nouvelle forme d'inflation, et qui expriment encore la foi mystique dans le marché.

Il y a trois façons et seulement trois de lutter contre l'inflation, quelle que soit son origine, dans les pays industriels. La première consiste à restreindre le budget de l'État en limitant ses dépenses et ses emprunts destinés à être dépensés. C'est la politique fiscale. La seconde, c'est de restreindre le crédit bancaire et les dépenses qu'il permet. C'est la politique monétaire. La troisième vise à réduire, par une intervention directe, la pression des salaires sur les prix des firmes et des prix sur les salaires, de façon à briser la dynamique de la spirale ascendante. C'est une politique des revenus et des prix, ou contrôle des prix et des salaires. A l'ère de l'organisation, la difficulté est de choisir entre ces trois instruments et de les combiner en ce qu'on appelle la politique macro-économique.

Dans les deux nations anglophones, l'intervention directe sur les salaires et les prix apparaît en conflit ouvert avec le dogme intouchable du marché. Quand on croit avoir affaire à un marché libre, on ne peut évidemment pas intervenir pour restreindre les revenus et les prix, pour briser la spirale prix/salaires. Il va de soi que les organisations dont je viens de parler ont déjà rendu dans une large mesure caduque l'hypothèse du marché libre ; mais il est dans la nature de la religion du marché que, chez ses zélotes, elle se rit des réalités extérieures.

La politique fiscale, qui limite les emprunts et les dépenses publiques pour combattre l'inflation induite par la demande, est admise en principe par les authentiques sectateurs du marché. Mais la puissante dynamique organisationnelle de l'État moderne et les pressions des organisations sur celui-ci ont rendu la politique fiscale incommode, insuffisamment élastique et peu goûtée. Les services de l'État, financés par les fonds publics, représentent une part appréciable du niveau de vie et les restrictions qui les frappent suscitent une vive opposition. Pour beaucoup d'entre eux, leur tâche est d'amortir les duretés du capitalisme en fournissant un revenu, des soins médicaux, un logement et des moyens de transports à ceux qui sont dans le besoin — et ils œuvrent dans l'intérêt de la paix sociale. D'autres, notamment ceux qui s'occupent de la défense, sont énergiquement défendus par de puissants intérêts publics et privés.

Au moment où j'écris ceci, le gouvernement Reagan, aux États-Unis, offre un exemple classique des tendances perverses de la politique fiscale. Il est arrivé au pouvoir en affirmant hautement son attachement à l'austérité et à la rigueur fiscales mais il a cédé aux pressions organisées en faveur de réductions d'impôts, de dépenses accrues dans le domaine agricole et d'un accroissement vertigineux des crédits militaires ; et il se trouve actuellement aux prises, tout naturellement, avec un endettement public et un déficit budgétaire sans précédent. Tout cela fut l'occasion pour quelques-uns de ses économistes de donner une démonstration spectaculaire de la souplesse intellectuelle des grands commis en découvrant que le déficit de l'État, si abyssal soit-il, ne saurait causer l'inflation et constitue même un trait exemplaire d'une gestion financière conservatrice.

L'intervention directe sur la spirale

prix/salaires étant exclue en vertu du dogme du marché et la politique fiscale irréalisable à cause des pressions organisationnelles et politiques, il ne reste que la politique monétaire. Celle-ci, aux États-Unis comme en Grande-Bretagne, hérite seule de l'action contre l'inflation. Rien n'oblige, sauf peut-être l'intérêt corporatif de mes collègues économistes, à compliquer la science économique à plaisir : les perspectives économiques des États-Unis et, par extension, celles du monde industriel pour une bonne part, s'expliquent essentiellement, et pour aussi longtemps qu'elle sera tolérée, par cette obstination dans la politique monétaire.

La politique monétaire agit contre l'inflation, on le voit en ce moment même (en 1982) aux États-Unis. Mais dans le secteur hautement organisé de l'économie, elle ne réussit qu'au prix de dures souffrances. Et si elle agit mieux dans le secteur de l'économie de marché, cela ne va pas non plus sans souffrances.

Tout monétariste conséquent, insensible au processus historique, reste inébranlable dans sa croyance que le pur marché classique indispensable pour que joue la politique monétaire, continue d'exister. C'est là un acte de foi, qui se passe de l'observation des faits. Quand on applique une politique monétaire dans des pays dominés par de puissantes organisations, comme les États-Unis et la Grande-Bretagne, elle a des conséquences fort différentes de celles qu'on attendrait dans une économie classique de marché. Et c'est ce qui se passe actuellement.

Pour combattre l'inflation, nous l'avons vu, la politique monétaire impose des restrictions au crédit et limite donc la masse des moyens de paiement disponibles. Or, on le sait maintenant, le premier effet de ces restrictions, dans une économie comportant de puissantes organisations, ne porte pas sur les prix mais sur la production et sur l'emploi. Et avant que les hausses de prix et de salaires soient enrayées, l'effet sur la production et l'emploi doit être sévère. La poussée ascensionnelle des salaires et des prix ne s'arrête que lorsqu'il y a une part substantielle de la capacité de production qui reste inemployée et un chômage non moins substantiel. Disant cela, je ne me fonde pas sur une théorie mais sur l'expérience récente et concluante de la Grande-Bretagne et sur celle, aussi concluante et plus récente encore, des États-Unis. En d'autres termes, l'inflation ne cède devant la politique monétaire, dans le monde industriel moderne, que si l'économie entre dans une récession relativement grave. Provoquer une récession est la condition du succès pour le gouvernement qui n'entend lutter contre l'inflation qu'en recourant à la politique monétaire. Si les pressions politiques l'amènent à relâcher les restrictions monétaires, perspective fort probable et qui semble se réaliser aux États-Unis au moment où cet essai est sous presse, alors l'inflation reprendra.

Mais ce n'est pas tout. L'impact d'une récession résultant d'une politique monétaire efficace n'est pas également réparti. La limitation des crédits bancaires et autres par laquelle s'opère la contraction de la masse monétaire s'obtient grâce à des taux d'intérêts élevés — suffisamment élevés pour dissuader d'emprunter. De tels taux sont loin d'être neutres ; ils sévissent tout particulièrement contre ceux dont les affaires ne tournent qu'avec de l'argent emprunté et ceux dont les ventes se font pour l'essentiel à crédit. Aux États-Unis, l'ensemble du bâtiment et plus particulièrement la construction de logements, la construction automobile, le matériel agricole et l'ensemble des petites entreprises ont pâti au premier chef, et comme on pouvait s'y attendre, des mesures monétaristes. Il en a été de même en Grande-Bretagne. Les hommes d'affaires américains qui soutiennent la politique monétariste, et ils sont nombreux, font preuve d'une tendance remarquable, encore que pas totalement louable, à faire passer l'idéologie politique avant leur intérêt bien compris.

Non moins évidentes sont les répercussions internationales d'un recours à la politique monétaire. Les taux d'intérêt élevés pratiqués dernièrement aux États-Unis ont drainé une partie de l'épargne étrangère ; ce faisant, ils ont contraint les autres pays à se protéger soit en adoptant des taux également élevés soit en recourant à une quelconque forme de contrôle des changes. Jusqu'ici, la politique monétariste américaine a tendu à généraliser les taux défensifs dans le reste du monde industriel ; mais elle pourrait, si elle se poursuit, conduire isolément ou collectivement à l'adoption de mesures de contrôle des changes et à une rupture de l'actuel système financier international.

Mais un autre problème encore contribue à assombrir le tableau. A son arrivée aux affaires, au début de 1981, le gouvernement Reagan était certes tout entier acquis à la foi monétariste ; mais il fit également venir à Washington les tenants de ce qu'on appelle l'économie de l'offre. Ceux-ci pensaient, ou du moins, avaient appris, qu'ils rallieraient tous les suffrages en professant que si on réduisait drastiquement les impôts sur les personnes et les entreprises, la production s'accroîtrait, les rentrées de l'État également et le financement du secteur public serait aussi bien assuré qu'auparavant. Les impôts exercent selon eux une très forte influence restrictive sur l'effort économique et sur l'investissement ; si bien que ce fantasme de l'économie de l'offre a abouti à d'importantes réductions des impôts sur les personnes et les firmes.

Un terme tel que fantasme pour caractériser ce courant économique ne soulève plus guère d'objections aujourd'hui. L'expérience aussi bien que la logique montrent qu'il est impossible de combiner une expansion de l'économie stimulée par des réductions d'impôts avec une contraction de l'économie provoquée par l'application rigoureuse de la politique monétaire. Il n'est, en outre, pas prouvé que dans le passé, les impôts aient joué dans les pays industriels, y compris les États-Unis un rôle réellement inhibiteur tant pour l'effort et l'initiative des entreprises que pour l'investissement. Les applaudissements du public ne suffisent pas à transformer des phrases creuses en une réalité vérifiable dans les chiffres. Le haut fonctionnaire le plus influent de l'administration Reagan en matière économique, M. David Stockman, directeur de l'Office of Management and Budget, a qualifié l'économie de l'offre de simple camouflage pour une réduction de l'impôt sur le revenu dans les tranches supérieures.

Quoi qu'il en soit, cette aberration, combinée avec l'accroissement vertigineux des dépenses militaires, met maintenant à l'ordre du jour un déficit budgétaire encore plus considérable, autrement dit un endettement public monumental pour le temps de paix. Cela signifie que pour contenir l'inflation, on recourra plutôt moins à la politique fiscale et plutôt davantage à la politique monétaire. L'État empruntera davantage, ce qui poussera encore à la hausse les taux d'intérêts. Ou alors, si des pressions politiques amènent à relâcher la politique monétaire, éventualité probable, je l'ai dit, la production et l'emploi s'accroîtront mais l'inflation reprendra. La politique actuellement suivie par Washington n'implique pas nécessairement la poursuite de la récession. Mais elle implique qu'il y aura soit récession, soit reprise de l'inflation et peut-être même un peu des deux. Ce n'est pas là une perspective riante ; mais on ne saurait sérieusement en tracer d'autre.

En quoi peut résider l'espoir d'une amélioration ? Il dépend de deux signes. Le premier apparaîtra quand les États-Unis tendront à mettre davantage l'accent sur la politique fiscale aux dépens de la politique monétaire — orientation que je recommanderais aussi aux autres nations industrielles. La politique fiscale, qui utilise la rigueur budgétaire pour maîtriser la demande et la partie de l'inflation qui résulte de la traction de la demande, est à tous égards, sauf en ce qui concerne la facilité politique, supérieure à la politique monétaire. Elle s'attaque aux dépenses de consommation plutôt qu'à l'investissement et a donc un effet moins nocif sur la productivité ; elle ne sanctionne pas sélectivement les branches pour lesquelles les taux d'intérêt sont vitaux ; son action sur l'économie est plus prévisible ; elle ne se heurte pas, à la différence de la politique monétaire, à la principale difficulté des banques centrales modernes, qui est de définir ce qu'est la monnaie et d'exercer un contrôle précis sur ce qu'on ne sait définir. Des politiques fiscales plus énergiques permettraient aux gouvernements de tous les pays industriels de restreindre, voire d'éliminer, les déficits budgétaires, d'abaisser les taux d'intérêt, d'assouplir les conditions du crédit. Il est particulièrement urgent que les États-Unis s'orientent dans cette direction. La façon de réduire le déficit américain est une question de choix politique. J'ai préconisé le retrait des propositions de réduction de l'impôt sur le revenu pour 1983, l'annulation des abattements consentis en 1981 sur l'imposition des firmes et une sévère surveillance des dépenses militaires. Ce dernier point, les précédents chapitres l'ont amplement montré, déborde largement les problèmes économiques pour toucher à ceux du contrôle de l'armement et de notre survie même.

L'autre signe annonciateur de changement consistera en l'adoption par tous les pays industriels de politiques des prix et des revenus soigneusement adaptées à chaque cas. L'Allemagne, l'Autriche, la Suisse, d'autres pays européens et le Japon en ont déjà largement admis la nécessité. Dans ces pays, les accords de salaires sont ajustés à ce que peut supporter le niveau des prix. L'Angleterre et les États-Unis tardent à s'engager dans cette voie, inhibés qu'ils sont par leur désuet attachement à l'idéologie économique classique. La politique des prix et des revenus est adaptée à la logique d'une économie où le capital et le travail font jouer leurs puissantes organisations à l'appui de leurs prétentions en matière de prix et de salaires et poussent donc vers le haut la fameuse spirale. Les politiques monétaire et fiscale n'enrayent cette spirale que dans la mesure où elles enrayent la croissance et l'expansion pour provoquer une récession. Ce n'est point là, je le répète, un point de théorie mais la leçon de l'expérience britannique et américaine.

La limitation directe des prix et des salaires du secteur fortement organisé de l'économie décharge les politiques fiscale et monétaire de la lutte contre l'in… et permet à l'économie de fonctionner p… près de sa pleine capacité et du plein emploi, et donc à la croissance de reprendre. Une telle politique n'a rien d'un saut révolutionnaire dans l'inconnu ; elle fait déjà partie, je l'ai dit, des procédés de gestion économique utilisés dans bien des pays industriels. D'énergiques mesures de ce type ont rendu de grands services aux États-Unis pendant la Seconde Guerre mondiale, période pendant laquelle l'inflation fut inconnue. Puis, à nouveau pendant la guerre de Corée. Kennedy y recourut également, quoique de façon plus informelle — et Richard Nixon. Au moment des élections de 1972, cette politique, œuvre de conservateurs bon teint, avait ramené le chômage à 5 % de la force de travail et le taux d'inflation à moins de 4 % par an. Chaque fois qu'on leva les contrôles, l'inflation reprit, mais on ne saurait reprocher à une politique de ne pas fonctionner quand on ne s'en sert pas. La logique de la politique des prix et des revenus limite son application au secteur fortement organisé de l'économie, où l'évolution historique, à savoir la concentration industrielle et syndicale et les rigidités qu'elle introduit dans les prix et les salaires, l'a rendue nécessaire et où, il faut le souligner, cette même concentration en ramenant à quelques milliers le nombre des grosses firmes et à quelques centaines celui des contrats collectifs, l'a rendue possible à administrer.

Je ne veux pas dire que l'imposition des restrictions en matière de salaires et de prix soit ni aisée ni agréable ; une bonne gestion économique consiste toujours à mettre en œuvre des choix pénibles. Ce que je veux dire c'est qu'elle est de loin supérieure, d'un strict point de vue conservateur, à la stabilité des prix obtenue, comme aujourd'hui, au prix d'un chômage massif et d'un nombre considérable d'entreprises en difficultés ou en faillite, — à un contrôle des prix et des revenus brutalement infligé à force d'épreuves, ne laissant d'autre choix que l'inflation. L'adoption d'une politique des prix et des salaires par les États-Unis marquera le grand tournant de la perspective économique mondiale ; et il n'y aura pas de tel tournant avant qu'ils n'en arrivent là.

Tout cela n'est rien moins qu'optimiste ; il y a cependant une lueur d'espoir. En politique économique, le facteur déterminant, on s'en rend compte de plus en plus nettement, n'est pas l'idéologie mais les rudes circonstances historiques. Même l'idéologue le plus endurci ne saurait résister bien longtemps à l'histoire si la souffrance est suffisamment grande. Le jour viendra où les fantasmes monétaristes et autres avatars du marché classique s'évanouiront et où nous découvrirons qu'il vaut mieux s'adapter au monde moderne — celui des grandes firmes, des syndicats puissants, de l'appareil d'État proliférant et autres manifestations actuelles de l'organisation. Alors les économies industrielles fonctionneront, non pas comme à présent, mais comme elles le devraient et comme elles le doivent.

Je touche à la fin de ces conférences, que je m'enhardis maintenant à qualifier d'essais. Nul ne peut douter de la profondeur et de la diversité des tâches qui nous attendent si nous voulons restaurer la performance économique des pays riches, faire progresser les pays pauvres et assurer la survie des uns et des autres. Il serait tentant de céder au pessimisme ; il revêt toujours l'aspect du réalisme et du sens pratique. Mais nous ne le devons pas. Nous devons garder vivante l'idée que le salut est possible. C'est à quoi veulent tendre ces essais. Que tous ceux qui les liront passent à l'action. Les livres peuvent montrer la voie ; les événements surviennent quand leurs lecteurs se mettent en marche.

NOTES

CHAPITRE II

1. *North-South : A Program for Survival.* Rapport de la Commission indépendante pour les questions de développement international, M.I.T. Press, Cambridge, Massachusetts, 1980.

2. Sujet que j'ai déjà abordé dans *Théorie de la pauvreté de masse.* Paris, 1980.

3. Ce n'est pas là une conclusion que je tire exclusivement d'observations recueillies en Inde ou ailleurs en Asie, mais aussi d'une expérience plus personnelle. J'ai été élevé parmi les membres de clans écossais immigrés au Canada. L'enseignement primaire était alors gratuit et obligatoire, en vertu de l'idée qu'il constituait la condition première du développement économique. Mais de nombreuses familles canadiennes s'opposaient éloquemment à ce qu'on donnât à leurs rejetons quoi que ce fût qui excédât le strict minimum. Elles pensaient, à juste titre, que cela les rendrait impropres à la vie rude et sans horizon qu'on menait dans les fermes de l'Ontario, que cela leur donnerait envie de s'en aller. Ils affirmaient leur attachement à la culture de la pauvreté, relative sinon absolue, en disant : « Si c'était assez bon pour mon père, c'est bien assez bon pour moi aussi ! » Ni mon expérience asiatique ni aucune autre ne m'a amené à douter de l'emprise que la pauvreté peut exercer sur les siens.

CHAPITRE III

1. « A Deal with Castro ? » par Seweryn Bialer et Alfred Stepan, *The New York Review of Books,* 27 mai 1982.

CHAPITRE IV

1. L'authenticité de ce document, naguère mise en doute, est à présent généralement admise. Les réserves d'usage s'imposent cependant quant à l'exactitude littérale de conversations rapportées longtemps après.

2. Ruth Leger Sivard, *World Military and Social Expenditures, 1981,* World Priorities, Leesburg, Virginia, p. 19.

3. Chiffres provenant de *The Statistical Abstract of the United States* et de *International Economic Indicators,* décembre 1980.

4. Ces armes provenaient dans une large mesure mais non exclusivement des deux grandes puissances. Les exportations américaines atteignaient 5,8 milliards de dollars, celles de l'U.R.S.S., 4 milliards. Mais la France fournissait pour 2 milliards d'armes et la Grande-Bretagne et l'Italie pour des sommes moindres. Pour une analyse de ces chiffres et de la politique qui les sous-tend, consulter le rapport de la Commission Brandt, *North-South : A Program for Survival.* Rapport de la Commission indépendante pour les questions de développement international, M.I.T. Press, Cambridge, Massachusetts, p. 117 et sq.

5. Sur les perspectives d'exportations — massives — d'armes américaines, cf. *The Defense Monitor,* Center for Defense Information, Washington, D.C., vol. 11, N° 3, 1982.

DU MÊME AUTEUR

Aux Éditions Gallimard

LE NOUVEL ÉTAT INDUSTRIEL. *Essai sur le système économique américain.* « Bibliothèque des Sciences humaines », 1968, éditions revues et augmentées, 1974, 1979.

LE TRIOMPHE. Hors série, 1969.

LA SCIENCE ÉCONOMIQUE ET L'INTÉRÊT GÉNÉRAL. « Bibliothèque des Sciences humaines », 1974.

L'ARGENT, « Idées », 1977.

LE TEMPS DES INCERTITUDES. Hors série, 1978.

THÉORIE DE LA PAUVRETÉ DE MASSE. Hors série, 1980.

CHRONIQUES D'UN LIBÉRAL IMPÉNITENT. Hors série, 1981.

UNE VIE DANS SON SIÈCLE, Hors série, 1983.

Impression Bussière à Saint-Amand (Cher),
le 4 avril 1984.
Dépôt légal : avril 1984.
Numéro d'imprimeur : 494.

ISBN 2-07-035495-4/Imprimé en France.

33498